DIAS FELICES

**CUANDO LA HISTORIA
TIENE UN FINAL FELIZ**

ENRIQUE RULOFF

Ruloff, Enrique Luis
   Dìas felices : cuando la historia que importa tiene un final feliz / Enrique Luis Ruloff ; editado por Enrique Luis Ruloff. - 1a ed adaptada. - Olivos : Enrique Luis Ruloff, 2017.
   140 p. ; 22 x 15 cm.

   ISBN 978-987-42-4868-8

   1. Comentarios Bìblicos. I. Ruloff, Enrique Luis, ed. II. Tìtulo.
   CDD 220.7

Copyright 2017 por Enrique Luis Ruloff
Borges 3247(1636) Olivos - Buenos Aires
Tel. 54-11-4799-8533

ISBN N° 978-987-42-4868-8
Hecho el depósito que marca la ley 11.723
Queda prohibida la reproducción total o parcial de Este material, sin previa autorización del autor.

Diseño de portada e interior: DAF - Comunicación Gráfica
dafcg@telecentro.com.ar
Imágenes de portada: "Designed by Bedneyimages / Freepik"

Producido en Argentina Julio de 2017 por Enrique Luis Ruloff

Impreso en Argentina - Julio 2017
Bibliográfika
Carlos Tejedor 2815 (1605) - Munro
Prov. Bs. As. Argentina
www.bibliografika.com

DIAS FELICES

DEDICATORIA

*Dedico este libro a quienes mantienen
una esperanza viva en relación a los
últimos acontecimientos.*

*Dedico este libro a quienes,
en lo más profundo de sus corazones,
anhelan que Jesús pronto regrese.*

*Dedico este libro a mi abuelo Alejandro Ruloff,
quien anhelaba ver el regreso de Jesús
antes de su partida, a los 99 años.*

PRÓLOGO

El fin de los tiempos, es un suceso que está presente en la vida de las personas. Algunos piensan que es un mito, una leyenda, un cuento de viejas o una estrategia de la religión para mantener cautivos bajo el temor a los fieles.

La industria cinematográfica, nos tiene acostumbrados a los filmes de catástrofe que relatan cómo será el fin. Rebelión de las máquinas, el choque de un asteroide, desórdenes climáticos, etc. Lo que es claro, es que el fin que nos presentan, será sufrimiento para quienes lo tengan que vivir.

La ciencia, también advierte, sobre el cambio climático y la posibilidad de que un asteroide se cruce con la órbita de la tierra, produciendo un cataclismo. Hay programas que las agencias espaciales, tratando de descubrir planetas donde sea posible la vida humana, para tener un salvo conducto para la humanidad.

En cierto modo, el libro de Apocalipsis, nos presenta un futuro complejo y problemático, sobre todo para quienes confían en Jesucristo. Pero, por otro lado, nos presenta un final de victoria y felicidad para quienes han perseverado hasta el fin.

En las cartas del nuevo testamento, se muestran expectantes respecto de los acontecimientos que se vivían y manifestaban que pronto estaba el regreso del Señor. Han pasado casi dos mil años de esos escritos y vemos las mismas señales que los apóstoles en los acontecimientos sociales, políticos y aun los factores climáticos actuales.

Si bien la iglesia, espera el regreso triunfal de Jesucristo, pareciera ser que el mensaje o la expectativa que se debiera tener, se ha adormecido. Muy poco se enseña y se predica de esto hoy en día en las iglesias. Tan solo se menciona como cierto romanticismo de algo que se sabe, pero no todos creen. Basta con ver los planes de las iglesias para darse cuenta que la segunda venida del Señor Jesús no forma parte de la agenda de estos tiempos.

Tal vez, el tiempo transcurrido o la frivolización de este tema, han generado este enfriamiento en la fe de la iglesia moderna, perdiendo el sentido de la urgencia en mantener vivo este pilar de la fe cristiana.

Por estos motivos, este libro, que nos recuerda que vendrán "Días felices", llega en el momento oportuno, para renovar nuestra mirada hacia el futuro, para recordarnos cuál es nuestra esperanza y, sobre todo, para reavivar el celo de la iglesia de hoy, por el mensaje del Señor.

Cuenta una historia, en la cual un pastor joven estaba muy ansioso porque llevaría a cabo su primera campaña evangelística; pero justamente ese día, se avecinaba una gran tormenta. Comenzó a quejarse por la condición del clima y a decir que esa reunión sería un fracaso. Un anciano pastor, que lo estaba mentoreando, con calma y la voz de la experiencia le dice: - "mi querido amigo, cada vez que en el cielo, veo nubes, mi expectativa crece y le digo a mi Señor: ¿Será que en estas nubes estás regresando a buscar a tu iglesia?"

De la misma manera, hoy, vemos a la iglesia afanada en actividades, eventos y si son al aire libre, reprendiendo las tormentas y orando por un día claro y soleado. ¿Acaso, como el pastor joven de nuestra historia, hemos olvidado que el Señor volverá sobre las nubes a buscarnos? ¿Cómo será nuestra actitud, cuando veamos la próximas nubes?

Seguramente, al terminar de leer las páginas de este libro, podremos recordar las palabras del Señor en Apocalipsis: "Ciertamente vengo en breve" y que podamos responder como el apóstol Juan: "Amén, si, ven, Señor Jesús."

Daniel Fanderwud
Vice-Presidente ACMA
(Alianza Cristiana y Misionera Argentina)

CONTENIDO

Dedicatoria
Prólogo
Contenido
Introducción — p. 13

Capítulo Uno
Ira potenciada — p. 17

Capítulo Dos
El castigo a la falsa religión — p. 25

Capítulo Tres
Colapso del sistema financiero mundial — p. 35

Capítulo Cuatro
La fiesta a la cual estamos invitados — p. 47

Capítulo Cinco
La batalla final   p. 57

Capítulo Seis
Prisión preventiva para el enemigo   p. 69

Capítulo Siete
La resurrección determinante   p. 81

Capítulo Ocho
Los días gloriosos del milenio   p. 92

Capítulo Nueve
El irreversible dictamen final   p. 103

Capítulo Diez
Cielos nuevos y tierra nueva   p. 111

Capítulo Once
La nueva ciudad   p. 119

Conclusión
¿Qué significa haber estudiado el Apocalipsis?   p. 127

INTRODUCCIÓN

Uno puede leer la Biblia con diferentes anteojos y de acuerdo a los anteojos que utilicemos encontraremos libros, capítulos o versículos relacionados al anteojo con el cual nos acercamos al texto.

Cuando pensamos en Apocalipsis y los últimos acontecimientos proféticos, son muchísimos los pasajes bíblicos que hacen referencia de una u otra manera a este tramo final de la historia humana sobre la tierra. A veces encontramos versículos incrustados en medio de un relato que quizás no tiene mucho que ver con el tema.

Esta mañana me encontraba leyendo el final de la carta de Pablo a los Romanos. El capítulo 16 se caracteriza por las salutaciones que Pablo hace a esta iglesia de personas relacionadas al ministerio y también de algunos de sus parientes. De pronto se acuerda de algunas recomendaciones finales en relación a quienes causan di-

DÍAS FELICES

visiones, y en el versículo 20 él dice: *"Y el Dios de paz aplastará en breve a Satanás bajo vuestros pies."* Luego continúa diciendo: *"La gracia de nuestro Señor Jesucristo sea con vosotros."* Luego continúa con las salutaciones finales.

Es evidente que esta gente vivía muy pendiente de este hecho, que para aquel entonces parecía más inminente que quizás para nosotros hoy. El desafío más grande que tenemos como cristianos es vivir con los pies en la tierra, pero con el corazón en el cielo, o vivir con la mente en la temporalidad de nuestras vidas, pero con el espíritu en nuestra eternidad.

En el primer libro (Dejados atrás) de esta serie me concentré mayormente en el mensaje que Dios tenía para la iglesia del Asia Menor, distribuida en siete ciudades importantes; las cuales, de alguna manera, representaban a la totalidad de las iglesias que ya estaban establecidas. Para ese entonces se cree que habían más de cien. Como cierre del primer libro, traté el tema del arrebatamiento, estableciendo algunas claves o requisitos para participar del mismo.

En el segundo libro (Días de gran tribulación) me concentré mayormente en la apertura de los siete sellos de ese libro que sólo Jesús fue hallado digno de poder abrirlo. En dicho libro me enfoqué mayormente en los capítulos 5 al 16. En dichos capítulos Juan describe la visión que él tuvo en relación a todo el proceso de tribulación que experimentará a raza humana, especialmente los que no conocieron a Jesús y los cristianos tibios que no habían sido arrebatados.

En este tercer y último libro quiero enfocarme en el desenlace fi-

INTRODUCCIÓN

nal. Si bien es verdad que también hay algunos capítulos relacionados a la última parte de la tribulación, el énfasis mayor está en la creación de los cielos y la tierra nueva, en el reino milenial y en el establecimiento de la nueva Jerusalén sobre la tierra; aspectos más positivos.

Podemos estar pasando por situaciones difíciles en esta vida, circunstancias que no sean del todo favorables; pero la ventaja que tenemos los cristianos es que tenemos la esperanza que un día no muy lejano Dios aplastará debajo de nuestros pies a Satanás. El último y gran capítulo de la historia es un capítulo de victoria, es un capítulo de esperanza.

Cuando Dios estableció a Adán y Eva en el Edén fue para que tuvieron dominio y gobierno sobre todo lo creado. El Apocalipsis termina con la misma idea; la iglesia, Su iglesia, ejerciendo gobierno y dominio sobre todo lo creado, teniendo como base operatoria una ciudad, donde la presencia de Dios será visible e inconfundible.

Oro al Señor para que el leer y/o estudiar este libro, el Espíritu Santo inquiete tu corazón para hacerte aún más sensible a los últimos acontecimientos y para que encienda en vos la misma esperanza y pasión que tuvo Juan al recibir esta revelación. Te animo a que junto a él podamos decir: "Si, ven Señor Jesús."

1
IRA POTENCIADA

Cuando comenzamos a estudiar el libro de Apocalipsis, dijimos que hay dos relatos a partir del capítulo cuatro. Uno que llega hasta el 11 y el otro del capítulo 12 al final.

En el segundo libro (días de tribulación) hemos visto la apertura y el desarrollo de los siete sellos. En los capítulos 15 y 16 Juan ve lo mismo, pero en lugar de ser sellos él lo ve como siete grandes copas cargadas del juicio o la ira de Dios. Dice así el relato de Juan:

"Vi en el cielo otra señal grande y maravillosa: siete ángeles con las siete plagas, que son las últimas, pues con ellas se consumará la ira de Dios. ² Vi también un mar como de vidrio mezclado con fuego. De pie, a la orilla del mar, estaban los que habían vencido a la bestia, a su imagen y al número de su nombre. Tenían las arpas que Dios les había dado, ³ y cantaban el himno de Moisés, siervo de Dios, y el himno del Cordero: «Grandes y maravillosas son tus obras, Señor,

DÍAS FELICES

Dios Todopoderoso. Justos y verdaderos son tus caminos, Rey de las naciones. ⁴ ¿Quién no te temerá, oh Señor? ¿Quién no glorificará tu nombre? Sólo tú eres santo. Todas las naciones vendrán y te adorarán, porque han salido a la luz las obras de tu justicia.» ⁵ Después de esto miré, y en el cielo se abrió el templo, el tabernáculo del testimonio. ⁶ Del templo salieron los siete ángeles que llevaban las siete plagas. Estaban vestidos de lino limpio y resplandeciente, y ceñidos con bandas de oro a la altura del pecho. ⁷ Uno de los cuatro seres vivientes dio a cada uno de los siete ángeles una copa de oro llena del furor de Dios, quien vive por los siglos de los siglos. ⁸ El templo se llenó del humo que procedía de la gloria y del poder de Dios, y nadie podía entrar allí hasta que se terminaran las siete plagas de los siete ángeles."

16 "Oí una voz que desde el templo decía a gritos a los siete ángeles: «¡Vayan y derramen sobre la tierra las siete copas del furor de Dios!» ² El primer ángel fue y derramó su copa sobre la tierra, y a toda la gente que tenía la marca de la bestia y que adoraba su imagen le salió una llaga maligna y repugnante. ³ El segundo ángel derramó su copa sobre el mar, y el mar se convirtió en sangre como de gente masacrada, y murió todo ser viviente que había en el mar. ⁴ El tercer ángel derramó su copa sobre los ríos y los manantiales, y éstos se convirtieron en sangre. ⁵ Oí que el ángel de las aguas decía: «Justo eres tú, el Santo, que eres y que eras, porque juzgas así: ⁶ ellos derramaron la sangre de santos y de profetas, y tú les has dado a beber sangre, como se lo merecen.» ⁷ Oí también que el altar respondía: «Así es, Señor, Dios Todopoderoso, verdaderos y justos son tus juicios.» ⁸ El cuarto ángel derramó su copa sobre el sol, al cual se le permitió quemar con fuego a la gente. ⁹ Todos sufrieron terribles quemaduras, pero ni así se arrepintieron; en vez de darle gloria a Dios, que tiene poder sobre esas plagas, maldijeron su nombre. ¹⁰ El

IRA POTENCIADA

quinto ángel derramó su copa sobre el trono de la bestia, y el reino de la bestia quedó sumido en la oscuridad. La gente se mordía la lengua de dolor [11] *y, por causa de sus padecimientos y de sus llagas, maldecían al Dios del cielo, pero no se arrepintieron de sus malas obras.* [12] *El sexto ángel derramó su copa sobre el gran río Éufrates, y se secaron sus aguas para abrir paso a los reyes del oriente.* [13] *Y vi salir de la boca del dragón, de la boca de la bestia y de la boca del falso profeta tres espíritus malignos que parecían ranas.* [14] *Son espíritus de demonios que hacen señales milagrosas y que salen a reunir a los reyes del mundo entero para la batalla del gran día del Dios Todopoderoso.* [15] *«¡Cuidado! ¡Vengo como un ladrón! Dichoso el que se mantenga despierto, con su ropa a la mano, no sea que ande desnudo y sufra vergüenza por su desnudez.»* [16] *Entonces los espíritus de los demonios reunieron a los reyes en el lugar que en hebreo se llama Armagedón.* [17] *El séptimo ángel derramó su copa en el aire, y desde el trono del templo salió un vozarrón que decía: «¡Se acabó!»* [18] *Y hubo relámpagos, estruendos, truenos y un violento terremoto. Nunca, desde que el género humano existe en la tierra, se había sentido un terremoto tan grande y violento.* [19] *La gran ciudad se partió en tres, y las ciudades de las naciones se desplomaron. Dios se acordó de la gran Babilonia y le dio a beber de la copa llena del vino del furor de su castigo.* [20] *Entonces huyeron todas las islas y desaparecieron las montañas.* [21] *Del cielo cayeron sobre la gente enormes granizos, de casi cuarenta kilos cada uno. Y maldecían a Dios por esa terrible plaga."*

Lo primero que vemos, al leer estos dos capítulos, es que el cielo se está preparando. Dios no improvisa nada. Creo que ninguno de nosotros es capaz de imaginar lo difícil, doloroso y desesperante que serán los últimos días de aquellas personas que rehusaron creer en Jesús.

DÍAS FELICES

Estas siete copas representan o simbolizan una suma de acontecimientos que sucederán de manera encadenada sobre la faz de la tierra, especialmente sobre aquellos que decidieron no creer en Jesús y seguir sus propias pasiones.

Se dice que recuperarse de la muerte de un hijo o de un divorcio lleva muchísimo tiempo. Cuando ocurra el primer arrebatamiento y más de 1.500 millones de personas desaparezcan repentinamente de la faz de la tierra, creo que la sociedad no podrá recuperarse nunca más.

Con ese primer arrebatamiento habrá accidentes, caos en las rutas terrestres, subterráneas, en los cielos y en el mar. De pronto despertarán las personas y los que amaban y servían fielmente a Dios ya no estarán.

En el primer relato Juan ve siete ángeles tocando trompetas, pero en este relato el ve algo diferente pero que hace referencia o agrega detalles de los mismos acontecimientos. Nunca debemos olvidar que el Dios de amor y misericordia que nosotros conocemos también es un Dios santo.

Jesús en Juan 3:36 deja bien en claro lo que determina nuestra salvación como aquello que determina nuestra perdición, al decir: *"El que cree en el Hijo tiene vida eterna; pero el que rechaza al Hijo no sabrá lo que es esa vida, sino que permanecerá bajo el castigo de Dios."*

Mientras estemos dentro del período de la gracia, podemos contar como garantía el amor y la misericordia de Dios, pero cuando comiencen los días de la tribulación, los seres humanos que segui-

IRA POTENCIADA

rán sobre la tierra verán otra faceta de Dios que tiene que ver con el juicio y la ira sobre la tierra.

Cuando el primer ángel derrame su copa sobre las personas que no fueron arrebatadas y que ya tienen la marca, la Biblia dice que les saldrán unas horribles llagas. Serán tan dolorosas y complejas estas llagas que ni los mismos médicos podrán encontrar alivio al dolor causado por esas heridas. Y cuando estén por descubrir el alivio de una vendrá una nueva.

El egoísmo de la ciencia que en estos últimos años pudo resolver muchísimas enfermedades, pero por no querer perder el negocio de la medicina, para los días que vendrán ya no les servirá.

Cuando el segundo ángel derrame su copa, el mar se convertirá en sangre. Debemos recordar que un dos tercios del planeta está compuesto por agua. No me quiero imaginar lo que eso significará; animales y peces muertos por doquier. Un olor nauseabundo se elevará desde la tierra. Por eso Pablo dice que la creación está gimiendo por la revelación de los hijos de Dios.

Cuando el tercer ángel derrame su copa, los ríos, las fuentes, las lagunas y los lagos también se convertirán en sangre. Esta abundante sangre que habrá ¿no será un reflejo de la cantidad de sangre que la humanidad ha derramado al transcurrir tantos años? Pensemos no sólo en las guerras, en la muerte por accidentes que se pudieron evitar, u homicidios, sino en los millones y millones de bebés asesinados en el vientre de sus madres mediante el aborto. La tierra clama por la sangre inocente que hemos derramado mediante las guerras, los asesinatos y finalmente la guerra del Armagedón.

DÍAS FELICES

Cuando el cuarto ángel derrame su copa, este afectará al sol. La temperatura de la tierra ascenderá tan abruptamente que habrán temperaturas muy altas y las personas desearán haber muerto. Sin embargo, deberán soportar esas temperaturas altas. Por lo tanto, serán días de muchísimo calor. El desmonte y el maltrato del planeta finalmente pagará con altos intereses.

Cuando el quinto ángel derrame su copa, una densa oscuridad cubrirá la tierra, representando simbólicamente, a través de estos elementos, lo ciego que estará la humanidad en aquellos días. Si hoy andan a tientas por no conocer a Jesús, en aquellos días toda esperanza de luz desaparecerá.

Cuando el sexto ángel derrame su copa habrá una invasión masiva de seres inmundos que saldrán a dañar a su misma gente, a aquellos que tienen la marca. Serán días de mucho dolor y desesperación. Su objetivo será reunir a las personas de todos los rincones junto al gran río Eufrates. Pero además de eso, habrá un terremoto como nunca antes ha experimentado la tierra. Simultáneamente Jesús vendrá como el verdadero Mesías y será aceptado por los suyos como tal.

Cuando el sétimo ángel derrame su copa, el tiempo de este planeta se habrá acabado. Desde el trono saldrá un vozarrón que dirá: SE HA ACABADO. El reloj de Dios se habrá completado. La humanidad entrará a una de las guerras más sangrientas que haya existido desde que este mundo existe.

Cientos de miles de personas morirán. Habrá mucho derramamiento de sangre. El valle del Armagedón será inundado de millones de litros de sangre que cubrirán unos 300 km de largo de

IRA POTENCIADA

ese valle con una altura no menor a los 20 Cm. Mientras esa batalla se libre, Jesús regresará con sus santos a tomar el control de este universo.

¿Cómo nos afecta a nosotros todo esto? Si vivimos acorde a las demandas de Dios y reunimos suficiente aceite para nuestras lámparas, no tendremos que pasar por todo esto. Sin embargo, si nuestra vida es tibia, sin compromiso, deberemos sellar nuestra salvación en aquellos días de tormento, con nuestra propia muerte.

De ahí que es importante recordar lo que Jesús les decía a sus discípulos cuando les hablaba acerca de las cinco vírgenes prudentes y de las cinco vírgenes insensatas. En Mateo 25:13 Jesús nos exhorta diciendo: *"Por tanto, manténganse despiertos porque no saben ni el día ni la hora."*

Si nosotros vivimos una vida de compromiso, de amor y de fidelidad a Dios, si nos mantenemos vigilantes, el arrebatamiento no nos sorprenderá a nosotros como si fuera un ladrón en la noche.

Si nosotros somos capaces de leer los acontecimientos que están sucediendo sobre la tierra, sabremos también que la segunda venida de Jesús está cerca, sabremos que el sonido de las trompetas pronto comenzará a escucharse desde lejos.

Dios nos desafía a que continuemos amándole y sirviéndole, de tal manera que cuando ese día llegue, Él nos encuentre a cada uno de nosotros haciendo aquello para lo cual fuimos llamados, que nos encuentre desarrollando las capacidades, los dones y los talentos que Él nos ha dado.

DÍAS FELICES

¿Te gustaría que él te encuentre haciendo aquello para lo cual te ha creado? Si ese es tu deseo, renueva una vez más tu compromiso con él.

2

EL CASTIGO A LA FALSA RELIGIÓN

Todos los gobiernos del mundo tienen un sistema de castigo para todo aquello que es falso. Si te encuentran comprando en un negocio con billetes falsos, lo más probable es que termines en una dependencia policial declarando por qué y cómo es que tienes esos billetes falsos.

Si un día decidiste abrir tu consultorio médico y comenzaste a atender gente, porque simplemente trabajaste en un hospital y creíste que es algo fácil, lo más probable es que termines detrás de las rejas por mala praxis de la profesión.

Cuentan que a uno le pasó algo así. Luego de jubilarse como encargado del edificio de un hospital en la gran ciudad regresó a su pueblo natal. Como sabía que con la jubilación no podría vivir, decidió ejercer la medicina. Puso un cartel fuera de su casa que decía: *Curamos su enfermedad, de lo contrario le devolvemos el doble de su consulta. Valor consulta, 500,00 $.*

DÍAS FELICES

Al otro día, el que era médico en el pueblo pensó, a este lo voy a agarrar y sacarle el dinero, así se cura de una vez y para siempre. De modo que a la mañana siguiente se presentó y dijo: Doctor tengo un problema, estoy perdiendo el gusto. Ya no puedo identificar los sabores. El falso doctor le dice a la empleada: Señorita, tráigame las gotitas del frasco azul, que tiene el número 42. Este le pone unas gotas sobre la lengua y el paciente exclama: Pero esto es nafta (combustible, gas). Perfecto le dice el hombre, ha recuperado el gusto, de modo que abone los 500,00 $.

Pasa unos días, el médico pensó para sí: Este hombre no me puede ganar, de modo que regresaré con otra consulta. Se presenta y le dice al falso doctor: Tengo un serio problema, ya no recuerdo nada, ni nombres, ni rostros, absolutamente nada. El falso doctor le dice, no hay problema, podemos ayudarle. Entonces llama a la empleada y le dice: Señorita, tráigame las gotitas del frasco azul, que tiene el número 42. Entonces el paciente pega el grito diciendo: lo que usted está por ponerme es nafta. Perfecto, le dice el falso doctor, usted acaba de recuperar la memoria, de modo que abone los 500,00 $.

Como no podía darse por vencido, y queriendo recuperar sus 1.000,00 $, a pocas semanas se presenta con anteojos ahumados y un bastón y le dice al falso doctor: he perdido la vista. No veo absolutamente nada. ¿puede usted ayudarme? El falso doctor le dice: Amigo, esta no es nuestra especialidad, de modo que promesas son promesas, le devolveré el doble del valor de la consulta. Pero en lugar de darle 10 billetes de 100,00 $, le da uno de 100,00 $ y 9 de 10,00. Al tomarlo en la mano, el médico que se hizo pasar por ciego le dice: Usted me está dando mal el dinero, apenas me dio 190,00 $. Perfecto, le dice el falso doctor; acaba de recobrar la vista, de modo que abone los 500,00 $ de la consulta.

EL CASTIGO A LA FALSA RELIGIÓN

Más allá de esta historia humorística, lo cierto es que las cuestiones falsas, tarde o temprano salen a la luz. Los billetes, los profesionales, los líderes o los cristianos falsos, tarde o temprano muestran sus hilachas y pagan las consecuencias.

Cuando de la fe se trata, Dios también tiene un castigo para aquellos que promovieron y profesaron una religión falsa. Llegará un día en donde Dios pondrá punto final a la falsa religión. Veamos lo que dice Apocalipsis 17:1-18:

"Uno de los siete ángeles que tenían las siete copas se me acercó y me dijo: Ven, y te mostraré el castigo de la gran prostituta que está sentada sobre muchas aguas. ² Con ella cometieron adulterio los reyes de la tierra, y los habitantes de la tierra se embriagaron con el vino de su inmoralidad. ³ Luego el ángel me llevó en el Espíritu a un desierto. Allí vi a una mujer montada en una bestia escarlata. La bestia estaba cubierta de nombres blasfemos contra Dios, y tenía siete cabezas y diez cuernos. ⁴ La mujer estaba vestida de púrpura y escarlata, y adornada con oro, piedras preciosas y perlas. Tenía en la mano una copa de oro llena de abominaciones y de la inmundicia de sus adulterios. ⁵ En la frente llevaba escrito un nombre misterioso: LA GRAN BABILONIA MADRE DE LAS PROSTITUTAS Y DE LAS ABOMINABLES IDOLATRÍAS DE LA TIERRA. ⁶ Vi que la mujer se había emborrachado con la sangre de los santos y de los mártires de Jesús. Al verla, quedé sumamente asombrado. ⁷ Entonces el ángel me dijo: ¿Por qué te asombras? Yo te explicaré el misterio de esa mujer y de la bestia de siete cabezas y diez cuernos en la que va montada. ⁸ La bestia que has visto es la que antes era pero ya no es, y está a punto de subir del abismo, pero va rumbo a la destrucción. Los habitantes de la tierra, cuyos nombres, desde la creación del mundo, no han sido escritos en el libro de la vida, se asombrarán

DÍAS FELICES

al ver a la bestia, porque antes era pero ya no es, y sin embargo reaparecerá. ⁹ ¡En esto consiste el entendimiento y la sabiduría! Las siete cabezas son siete colinas sobre las que está sentada esa mujer. ¹⁰ También son siete reyes: cinco han caído, uno está gobernando, el otro no ha llegado todavía; pero cuando llegue, es preciso que dure poco tiempo. ¹¹ La bestia, que antes era pero ya no es, es el octavo rey. Está incluido entre los siete, y va rumbo a la destrucción. ¹² Los diez cuernos que has visto son diez reyes que todavía no han comenzado a reinar, pero que por una hora recibirán autoridad como reyes, junto con la bestia. ¹³ Éstos tienen un mismo propósito, que es poner su poder y autoridad a disposición de la bestia. ¹⁴ Le harán la guerra al Cordero, pero el Cordero los vencerá, porque es Señor de señores y Rey de reyes, y los que están con él son sus llamados, sus escogidos y sus fieles. ¹⁵ Además el ángel me dijo: Las aguas que has visto, donde está sentada la prostituta, son pueblos, multitudes, naciones y lenguas. ¹⁶ Los diez cuernos y la bestia que has visto le cobrarán odio a la prostituta. Causarán su ruina y la dejarán desnuda; devorarán su cuerpo y la destruirán con fuego, ¹⁷ porque Dios les ha puesto en el corazón que lleven a cabo su divino propósito. Por eso, y de común acuerdo, ellos le entregarán a la bestia el poder que tienen de gobernar, hasta que se cumplan las palabras de Dios. ¹⁸ La mujer que has visto es aquella gran ciudad que tiene poder de gobernar sobre los reyes de la tierra."

En este capítulo Juan registra una revelación que él tuvo allí en la isla de Patmos, relacionado al castigo de la falsa religión. Cuando veamos el capítulo 18 veremos que hay un castigo también para los corruptos mercados del mundo y las extorsivas economías de los ricos. Veremos, para nuestra sorpresa, que ambos están íntimamente relacionados.

EL CASTIGO A LA FALSA RELIGIÓN

Cuando leemos este capítulo 17, sobresale el nombre o título que Dios le da a esta mujer que representa la falsa religión: *"LA GRAN BABILONIA MADRE DE LAS PROSTITUTAS Y DE LAS ABOMINABLES IDOLATRÍAS DE LA TIERRA"* (Apocalipsis 17:5). No es un nombre muy agradable. Si Dios nunca fue muy polite para decir las cosas; menos ahora. En su momento Jesús trató a los falsos religiosos de su época, como sepulcros blanqueados o cueva de serpientes. Ahora, todas las cartas están echadas y no va a tener reparos en identificar a la falsa religión.

Si leemos capítulos anteriores, cuando habla del encuentro de Jesús con su iglesia/esposa, hace referencia al encuentro sobre una gran montaña. Al hablar de la falsa religión el encuentro o la visión se desarrolla en medio de un desierto.

Este nombre que Jesús le da a la falsa religión es el peor nombre que se le puede dar a una mujer. Sin embargo, cuando Jesús se refiere a su iglesia lo hace como esposa, novia o virgen, símbolos o nombres de pureza.

¿Cómo nos prostituimos desde lo religioso? La prostitución espiritual básicamente ocurre cuando transgredimos el primer gran mandamiento de no adorar a otros dioses o imágenes. De modo que la prostitución se da cuando hay una falsa adoración o adoración a ídolos o prácticas de rituales sin sentido. La falsa adoración se da cuando Dios ya no ocupa el lugar que le corresponde y otras cosas u objetos ocuparon su lugar.

Todo pecado puede ser perdonado por Dios, sin embargo, la idolatría, la prostitución espiritual y el adulterio espiritual es algo que desagrada profundamente a Dios. Es tan desagradable que Juan mismo quedó asombrado, o más bien, horrorizado por lo que vio.

DÍAS FELICES

Juan en su visión vio muchas cosas de las cuales tuvo algo de asombro, pero ahora se ha horrorizado. Sin duda alguna que esta mujer representa a un grupo inmenso de personas que se han involucrado en una doctrina de adoración de ídolos.

Si nosotros recordamos la historia, veremos que siempre que Israel fue exiliada, fue por causa de su idolatría y que junto con la idolatría estuvo mano a mano la hechicería. Adorar a otras cosas que no es Dios, directa o indirectamente nos conduce a adorar al enemigo.

Esta idolatría tuvo sus comienzos en los albores de la historia humana. Justo después del diluvio, Génesis 10 y 11 nos cuenta sobre un hombre llamado Nimrod que decidió construir una torre para reemplazar a Dios, para hacerse de un nombre famoso y decirle a Dios que ya no lo necesitaban, que ya no le querían escuchar.

Alexander Hislop, un famoso predicador escocés que vivió en la primera mitad de los 1800, escribió varios libros, entre ellos uno titulado: Las dos Babilonias. Allí el narra que mientras Nimrod era el líder político de su tiempo, su esposa Semíramis era la líder espiritual. Esa mujer tuvo un niño y ella afirmaba que lo había concebido por la fuerza de un rayo del sol. Ella comenzó a creer que ese niño era la promesa de Génesis 3:15.

Según la tradición, un día ese niño fue asesinado por un jabalí. Pero la madre comenzó a llorar y ayunar y luego de 40 días ese niño resucitó. Es en este punto de la historia en donde se comenzó la tradición de la adoración de una madre con su niño en brazos. A raíz de ese milagro producida por sus llantos y ayunos ella fue elevada como Reina del Cielo, convirtiéndose de esa manera en

EL CASTIGO A LA FALSA RELIGIÓN

una sacerdotisa o intermediaria entre la gente y los dioses. Luego con los siglos se propagó esa creencia y en cada imperio había una imagen similar. En Asiria era Ishtar y Tamuz. En Egipto era Osiris. En Fenicia era Astarté y Baal. En Grecia era Afrodita y Eros y luego en Roma era Juno, o paloma. Esa adoración llegó a ser similar en todas partes. Siempre había dos figuras, una madre con su hijo.

Cuando nosotros leemos los libros proféticos, vemos que ellos debían luchar y denunciar esa falsa adoración dentro del pueblo de Israel. En Jeremías 44 hay una advertencia muy fuerte de parte del profeta al pueblo por causa de la idolatría, sin embargo, en los versículos 15-19 leemos:

"Entonces los hombres que sabían que sus esposas ofrecían incienso a otros dioses, así como las mujeres que estaban presentes, es decir, un grupo numeroso, y todo el pueblo que vivía en la región sur de Egipto, respondieron a Jeremías: 16 No le haremos caso al mensaje que nos diste en el nombre del Señor. 17 Al contrario, seguiremos haciendo lo que ya hemos dicho: Ofreceremos incienso y libaciones a la Reina del Cielo, como lo hemos hecho nosotros, y como antes lo hicieron nuestros antepasados, nuestros reyes y nuestros funcionarios, en las ciudades de Judá y en las calles de Jerusalén. En aquel tiempo teníamos comida en abundancia, nos iba muy bien y no sufríamos ninguna calamidad. 18 Pero desde que dejamos de ofrecer incienso y libaciones a la Reina del Cielo nos ha faltado todo, y el hambre y la espada están acabando con nosotros. 19 Y las mujeres añadieron: Cuando nosotras ofrecíamos incienso y libaciones a la Reina del Cielo, ¿acaso no sabían nuestros maridos que hacíamos tortas con su imagen, y que les ofrecíamos libaciones?"

El profeta Ezequiel en el capítulo 8 tuvo que lidiar con algo se-

DÍAS FELICES

mejante. Habían pasado muchos años desde que habían salido de Egipto, sin embargo, la idolatría estaba pegada al alma como lepra a la piel.

Siglos después, esa idolatría ingresó al imperio Romano convirtiéndose así César en el primer Pontifex Maximus, o máximo pontífice o sumo sacerdote de la idolatría.

Cuando la iglesia cristiana primitiva se expandió y comenzó a alejarse de la verdadera fuente y el emperador Constantino obligó por la fuerza a los paganos a hacerse cristianos, la adoración de una madre con su hijo en brazos se profundizó. Ahora ya no es Semíramis y su hijito, sino María y el niño Jesús y una paloma, símbolo del dios Juno.

No es de sorprendernos que cuando Juan tuvo la visión de la destrucción de la madre de la falsa religión se haya horrorizado. Él pudo imaginarse muchas cosas, pero en sus largos 90 años no podía creer que la idolatría se arraigaría tan fuerte dentro del cristianismo. Toda esa idolatría que se había consolidado en los imperios asirios, babilónicos, medos, persas y romanos, ahora pasaba al futuro imperio del anticristo.

La mujer de la visión de Juan parecía ser una mujer rica, vestida con vestimentas caras y rodeada de joyas. Según la descripción de Juan, esta mujer cabalgó sobre los poderes terrenales y gobernó sobre ellos. Juan conocía a la iglesia de Jesús que era pobre, menospreciada y perseguida. Pero lo que ahora el veía era un sistema religioso con vestimenta o apariencia cristiana, que tenía poder y desplegaba autoridad y participaba en asuntos de los gobiernos mundiales. Al ver esto estaba horrorizado.

EL CASTIGO A LA FALSA RELIGIÓN

En un momento, al fijar sus ojos en ella, se da cuenta que estaba ebria con la sangre de los santos de todos los tiempos. Años después de esta visión se desataría una de las persecuciones más grandes en contra del verdadero cristianismo promovido por los césares de turno autodenominados máximos pontífices.

Pero la buena noticia es que Juan vio que de pronto este sistema religioso colapsó. Si ustedes leen Apocalipsis 18 y 19 notarán que es Dios mismo quien destruye al sistema económico corrupto y a la bestia con el falso profeta; pero lo que aquí vemos es que la misma gente que fue partícipe de esa falsa religión, terminará destruyendo a esa mujer descripta como madre de las adúlteras. La misma gente que vivió prendida y engañada en esa idolatría, serán las herramientas en manos de Dios para la destrucción de ese sistema idolátrico.

Hoy más que nunca Dios nos llama a mantenernos lejos de cualquier sistema de idolatría y nos reafirma una y otra vez que Jesús es el único máximo pontífice o máximo puente entre Dios y los hombres.

No hay salvación fuera de Jesús. Todo lo falso tiene fecha de caducidad. Cuanto más cerca de Jesús permanezcamos más lejos de la idolatría estaremos. Hoy es un tiempo propicio para renovar nuestra fe en Jesús. Mira tu corazón y permite que el Espíritu Santo te revele si hay algún vestigio de una falsa adoración o de una idolatría hacia alguien o algo que no es Dios.

3

COLAPSO DEL SISTEMA FINANCIERO MUNDIAL

En Apocalipsis 17 nosotros podemos ver cuál será el castigo a la falsa religión que ha operado en la tierra desde el principio de la creación y que se ha reinventado en cada época de la historia.

Toda falsa religión tiene algo en común, enseñan a las personas lo que los seres humanos debemos hacer para acercarnos a Dios. Pero la verdadera religión, que surge de la Biblia, nos enseña lo que Dios hizo para acercarse al ser humano, que fue entregar a su propio Hijo Jesús a morir en una cruz por el pecado nuestro.

O como lo dijera el filósofo cristiano inglés C. S. Lewis, *"El Hijo de Dios se hizo hombre, para que los hombres podamos llegar a ser hijos de Dios."* Cualquier religión que ofrezca algo más que Jesús para la salvación, estaría dentro de la categoría de falsa religión.

Para la verdadera religión hay 4 "S" importantes: Sola Gracia, Solo

DÍAS FELICES

Cristo, Sola Fe y Sola Escritura. Cualquier otra cosa que le agreguemos, sonará a un aditivo o a un cambio sustancial que derivará en una falsa religión. Pero en el capítulo 17 observamos que hay una madre de las falsas religiones, que días previos al regreso de Jesús será destruida.

A la luz del capítulo 18 de Apocalipsis, podemos ver como en los días finales también será destruido el sistema financiero del mundo, que ha sido un sistema opresor, diabólico, explotador e injusto; que a través de los siglos permitió que unos pocos se enriquezcan y muchos vivan dentro del ámbito de la pobreza, la necesidad, la miseria y la explotación. La buena noticia es que esto también se terminará.

Apocalipsis 18:1-24 dice lo siguiente:

"Después de esto vi a otro ángel que bajaba del cielo. Tenía mucho poder, y la tierra se iluminó con su resplandor. ² Gritó a gran voz: ¡Ha caído! ¡Ha caído la gran Babilonia! Se ha convertido en morada de demonios y en guarida de todo espíritu maligno, en nido de toda ave impura y detestable. ³ Porque todas las naciones han bebido el excitante vino de su adulterio; los reyes de la tierra cometieron adulterio con ella, y los comerciantes de la tierra se enriquecieron a costa de lo que ella despilfarraba en sus lujos. ⁴ Luego oí otra voz del cielo que decía: Salgan de ella, pueblo mío, para que no sean cómplices de sus pecados, ni los alcance ninguna de sus plagas; ⁵ pues sus pecados se han amontonado hasta el cielo, y de sus injusticias se ha acordado Dios. ⁶ Páguenle con la misma moneda; denle el doble de lo que ha cometido, y en la misma copa en que ella preparó bebida mézclenle una doble porción. ⁷ En la medida en que ella se entregó a la vanagloria y al arrogante lujo denle tormento y aflicción;

COLAPSO DEL SISTEMA FINANCIERO MUNDIAL

porque en su corazón se jacta: "Estoy sentada como reina; no soy viuda ni sufriré jamás". ⁸ Por eso, en un solo día le sobrevendrán sus plagas: pestilencia, aflicción y hambre. Será consumida por el fuego, porque poderoso es el Señor Dios que la juzga. ⁹ Cuando los reyes de la tierra que cometieron adulterio con ella y compartieron su lujo vean el humo del fuego que la consume, llorarán de dolor por ella. ¹⁰ Aterrorizados al ver semejante castigo, se mantendrán a distancia y gritarán: ¡Ay! ¡Ay de ti, la gran ciudad, Babilonia, ciudad poderosa, porque en una sola hora ha llegado tu juicio! ¹¹ Los comerciantes de la tierra llorarán y harán duelo por ella, porque ya no habrá quien les compre sus mercaderías: ¹² artículos de oro, plata, piedras preciosas y perlas; lino fino, púrpura, telas de seda y escarlata; toda clase de maderas de cedro; los más variados objetos, hechos de marfil, de madera preciosa, de bronce, de hierro y de mármol; ¹³ cargamentos de canela y especias aromáticas; de incienso, mirra y perfumes; de vino y aceite; de harina refinada y trigo; de ganado vacuno y de corderos; de caballos y carruajes; y hasta de seres humanos, vendidos como esclavos. ¹⁴ Y dirán: Se ha apartado de ti el fruto que con toda el alma codiciabas. Has perdido todas tus cosas suntuosas y espléndidas, y nunca las recuperarás. ¹⁵ Los comerciantes que vendían estas mercaderías y se habían enriquecido a costa de ella se mantendrán a distancia, aterrorizados al ver semejante castigo. Llorarán y harán lamentación: ¹⁶ ¡Ay! ¡Ay de la gran ciudad, vestida de lino fino, de púrpura y escarlata, y adornada con oro, piedras preciosas y perlas, ¹⁷ porque en una sola hora ha quedado destruida toda tu riqueza! Todos los capitanes de barco, los pasajeros, los marineros y todos los que viven del mar se detendrán a lo lejos. ¹⁸ Al ver el humo del fuego que la consume, exclamarán: ¿Hubo jamás alguna ciudad como esta gran ciudad? ¹⁹ Harán duelo, llorando y lamentándose a gritos: ¡Ay! ¡Ay de la gran ciudad, con cuya opulencia se enriquecieron todos los dueños de flotas navieras!

DÍAS FELICES

¡En una sola hora ha quedado destruida! [20] *¡Alégrate, oh cielo, por lo que le ha sucedido! ¡Alégrense también ustedes, santos, apóstoles y profetas!, porque Dios, al juzgarla, les ha hecho justicia a ustedes.* [21] *Entonces un ángel poderoso levantó una piedra del tamaño de una gran rueda de molino, y la arrojó al mar diciendo: Así también tú, Babilonia, gran ciudad, serás derribada con la misma violencia, y desaparecerás de la faz de la tierra.* [22] *Jamás volverá a oírse en ti la música de los cantantes y de arpas, flautas y trompetas. Jamás volverá a hallarse en ti ningún tipo de artesano. Jamás volverá a oírse en ti el ruido de la rueda de molino.* [23] *Jamás volverá a brillar en ti la luz de ninguna lámpara. Jamás volverá a sentirse en ti el regocijo de las nupcias. Porque tus comerciantes eran los magnates del mundo, porque con tus hechicerías engañaste a todas las naciones,* [24] *porque en ti se halló sangre de profetas y de santos, y de todos los que han sido asesinados en la tierra."*

Si leyéramos el capítulo 17 veríamos que hay muchas ideas que se asemejan pero que son diferentes. Por un lado, la ciudad del capítulo 17 es considerada la Misteriosa y ahora en el 18 es considerada la Gran Ciudad de Babilonia. En el capítulo 17 es el ser humano quien destruye la falsa religión y en el capítulo 18 es Dios quien destruye el sistema financiero. En el capítulo 17 el juicio pareciera ser un proceso y en el 18 como algo repentino.

La primera impresión que esto me da es que a Dios le importa la economía más de lo que nosotros pensamos. De hecho, Jesús habló más del dinero que del cielo.

Si partimos de la base que el mundo tiene un sistema financiero diabólico, esto en primer lugar nos dice que los cristianos que tenemos negocios o empresas, o que manejamos dinero; debemos tratar de encontrar un sistema salarial que esté más acorde a la mente de Dios y no ajustarnos necesariamente al diseño del enemigo.

Por otro lado, cuando de ministerios cristianos hablamos, allí la diferencia debería ser bien marcada. No podemos ajustar nuestras economías ministeriales al modelo del enemigo. Hacerlo así es casi igual que si un pastor predicara no desde la Biblia, sino desde el libro del satanismo. La economía de Dios y la economía del mundo están enfrentadas y no pueden aliarse, así como tampoco podemos unir el agua y el aceite.

Hay quienes piensan que la vieja Babilonia debe ser reconstruida en el Golfo Pérsico, lo cual no sería difícil de lograrlo con todo el petróleo que allí hay. Sería una ciudad más como Dubai, construida en medio del desierto. Pero otra lectura que podemos hacer es pensar en la Gran Babilonia como un sistema financiero que ha controlado el mundo, idea a la cual muchos comentaristas se inclinan.

Así como la falsa religión es castigada por haber engañado a la humanidad por siglos, el sistema financiero también será castigado. Y en este capítulo vemos varias razones, como ser:

Por los pecados que han cometido

Esos pecados ahora, como lo expresa Juan, han llegado hasta el cielo. Lamentablemente la sociedad nos ha hecho creer, y las muestras parecen demostrar, que solo los engañadores e inescrupulosos son los que triunfan y los que quieren andar por la vereda correcta son los que fracasan; y Dios sabe y sigue pensando que lo

DÍAS FELICES

que está mal seguirá siendo considerado pecado y por ende debe tomar cartas en el asunto.

En el Antiguo Testamento, en el libro de Números 32:23 Dios, hablando de las injusticias dice que *"nuestro pecado nos alcanzará"*. Por siglos el ser humano ha creído que puede hacer lo que se le antoja, total como no hay justicia nadie hará nada.

Días pasados en la ciudad de Buenos Aires, Argentina, apareció un cráter con una profundidad de 5 metros. Expertos dicen que un caño de desagüe se perforó y que la pérdida de agua lentamente fue comiendo la tierra hasta lograr que luego se derrumbara. Sin duda alguna que esa pérdida de agua no fue de la semana anterior, ni del mes anterior a la caída del piso. Probablemente haya estado roto por meses o años, pero un día colapsó.

Del mismo modo, los ricos pueden estar engañando y aprovechándose de los demás por un tiempo, pero en algún momento el pecado les alcanzará. La Biblia nos dice que debemos comer nuestro pan con el sudor de nuestra frente y no con el sudor de del frente.

Nosotros podemos engañar a nuestra familia, amigos o a Dios por un tiempo, pero tarde o temprano el enemigo comete un error, y lo que estaba oculto sale a la luz. Dios nos desafía a vivir cada día como si fuera el último en el cual deberíamos rendir cuentas.

La única manera que nuestro pecado no sea descubierto y pasemos vergüenza por sorpresa, es si estos han sido confesados y borrados con la sangre de Jesús.

COLAPSO DEL SISTEMA FINANCIERO MUNDIAL

Por el orgullo

Otra razón por la que Dios juzgará el sistema financiero es porque los ricos se han creído el ombligo del mundo y el orgullo y la soberbia ha sido una de las características que por siglos han reflejado. En el sistema financiero mundial el dios que los ha gobernado ha sido el ego, la autosuficiencia y el poder. Pero un día ese sistema de injusticia colapsará.

El apóstol Santiago dice: *"Ahora escuchen, ustedes los ricos: ¡lloren a gritos por las calamidades que se les vienen encima! ² Se ha podrido su riqueza, y sus ropas están comidas por la polilla. ³ Se han oxidado su oro y su plata. Ese óxido dará testimonio contra ustedes y consumirá como fuego sus cuerpos. Han amontonado riquezas, ¡y eso que estamos en los últimos tiempos! ⁴ Oigan cómo clama contra ustedes el salario no pagado a los obreros que les trabajaron sus campos. (empresas – negocios) El clamor de esos trabajadores ha llegado a oídos del Señor Todopoderoso. ⁵ Ustedes han llevado en este mundo una vida de lujo y de placer desenfrenado. Lo que han hecho es engordar para el día de la matanza. 6 Han condenado y matado al justo sin que él les ofreciera resistencia"* (5:1-5).

Observemos que la Biblia dice claramente que Dios ve esa injusticia, ya sea que seamos víctimas o seamos los victimarios. Muchas veces los cristianos, a la hora de pagar a otros, nos ajustamos a las leyes, pero nosotros somos conscientes que con eso no se puede vivir, sin embargo nosotros obtenemos grandes ganancias.

La Biblia es clara en decir que el salario mal pago alza su voz y que esa injusticia será oída por Dios. Muchos líderes cristianos han construido imperios, megas iglesias y lo han hecho con el sudor, el

DÍAS FELICES

esfuerzo de un grupo de gente a quienes les han explotado. Como iglesia no deberíamos incurrir en ese pecado.

Adam Smith, fundador de la ciencia económica junto a David Ricardo, nunca se casó. Vivió siempre con su madre y cuando se convirtió en director de aduanas en Edimburgo, ella se mudó con él. El desarrolló muchas teorías, pero nunca se animó a reflexionar en lo que se conoce como "economía feminista".

La economía como ciencia investiga sobre los precios y el mercado. Pero lo que no tiene precio queda fuera del marco de la economía. Y ahí es donde aparece un montón de trabajos que hacen las mujeres que no tienen precio, como cuidar a los hijos, lavar la ropa, cocinar o cuidar de la casa.

La economista argentina, Mercedes D'Alessandro, autora de "Economía feminista," (Sudamericana, 216 páginas) presenta una gran cantidad de evidencia estadística para explicar y sostener cómo el pensamiento económico dejó de lado a las mujeres. Y por qué esto ha sido un error. Entre algunos datos que tira, dice que las mujeres ganan un 25% menos que los hombres por el mismo trabajo.

Esta ha sido una parte del sistema financiero mundial que es opresor y diabólico. Pero mujeres, las buenas noticias son que esto también cambiará. Jesús vino para colocar a la mujer a la par del hombre. Ni arriba, ni abajo. Es compañera idónea y como tal debe ser reconocida.

En los versículos 12-13 de Apocalipsis 18 Juan nombra una lista de más de 20 razones por las cuales Dios juzgará el sistema financiero. Muchas veces se ha dicho que la educación mejorará los pueblos; sin embargo, la realidad dista de la teoría.

COLAPSO DEL SISTEMA FINANCIERO MUNDIAL

Hoy tenemos más gente universitaria, con títulos profesionales, maestrías, doctorados, etc. en el rubro que se nos antoje. Hoy podemos comunicarnos más rápido con personas de otros continentes que con familiares del interior de nuestro propio país; podemos viajar en pocas horas cruzando mares, lo que a nuestros abuelos les llevó meses; sin embargo no somos más compasivos ni menos egoístas.

Al contrario, si hoy queres tener éxito en algún negocio, ofrece algo que exalte el ego, programas de dietas, gimnasios, bares after hours y cualquier cosa que exalte nuestro ego o nos haga más individualistas y les aseguro que tendrán éxito.

Sin embargo, el compromiso de Dios como el buen pastor, es que nos acompañará, nos guiará, mientras estemos en esta vida, para que podamos llegar a un buen puerto.

Porque ha corrompido la fe

Otra de las razones por la que Dios juzgará el sistema financiero es porque este ha corrompido la fe, ha matado profetas, ha derramado sangre inocente de aquellos que intentaron hacer las cosas bien. Ha puesto palos en la rueda para que la obra de Dios avance. Tanto las acciones como las motivaciones en contra de Dios serán juzgadas.

Llegará un día en donde las riquezas del mundo vendrán a la iglesia. Así como en una sola noche los israelitas se cobraron la indemnización de 430 años de esclavitud, del mismo modo las riquezas del mundo pasarán a las manos de los hijos de Dios. Y creo que aquí tenemos un mensaje para que los equipos económicos de cualquier iglesia o ministerio lo tomen en cuenta.

DÍAS FELICES

¿Cómo podemos sobrevivir en este sistema financiero diabólico? En el versículo 4-5 Dios nos da la respuesta diciendo: *"Salgan de ella, pueblo mío, para que no sean cómplices de sus pecados, ni los alcance ninguna de sus plagas; ⁵ pues sus pecados se han amontonado hasta el cielo, y de sus injusticias se ha acordado Dios."*

Jesús dijo que estamos en el mundo, pero no somos de este mundo. Del mismo modo, salir de este sistema no significa morirnos, sino no adaptarnos a los valores, cultura y creencias de este mundo. Significa creer que valemos en primer lugar porque somos hijos/as de Dios y no por el apellido que portamos, por el auto que manejamos o por la casa en la que vivimos.

En los capítulos 17 y 18 Dios nos llama no solamente a salir de la falsa religión y creer con todo nuestro corazón que Jesús es la única verdad que vale la pena creer, el único camino que vale la pena transitar y la única vida que vale la pena vivir; sino que también nos anima, nos exhorta a salir de ese sistema financiero y creer, sostener y promover los valores, los principios y la contracultura que el evangelio nos enseña.

Estar parados con un pie dentro de la iglesia y otro afuera, amar las cosas de Dios y amar las cosas del mundo nos hace las personas más miserables e infelices del universo. No podemos cambiar el mundo, una nación o una ciudad; tampoco ese es nuestro objetivo. Somos llamados a predicar y contagiar a otros para que salgan de ese sistema y puedan disfrutar de la vida abundante que Jesús nos otorga.

Nuestras oraciones de siglos serán contestadas. Dios siempre da nuevas oportunidades para el cambio; sin embargo, un día el pe-

COLAPSO DEL SISTEMA FINANCIERO MUNDIAL

ríodo de la gracia se terminará y entraremos a la etapa final de la historia, donde el sistema colapsará y será juzgado.

En la oración modelo, Jesús termina su oración diciendo: *"Porque tuyo es el reino, el poder y la gloria."* El reino nos habla de un sistema de gobierno que Dios quiere ejercer por medio de su iglesia y que un día, cuando el regrese se completará. El poder es la capacidad de llevar a cabo las obras que un gobierno decide que se debe hacer. Y la gloria es el reflejo del accionar de Dios.

Mientras los ricos del mundo han ejercido gobierno, han abusado del poder y han vivido reflejos diminutos e imitaciones de gloria, Dios nos invita a que nosotros nos crucemos de bando y que apostemos con todo nuestro ser en el modelo y en el diseño económico de Dios para Su Reino.

No cambiamos como personas por el tiempo que pasamos en la iglesia, sino por cuanto tiempo pasamos en la presencia de Dios. Lo que nos hace más maduros es el nivel de revelación con el cual caminamos y no los años que coqueteamos con el evangelio.

Como hijo de Dios quiero abandonar ese sistema financiero diabólico que colapsará y sumarme al diseño de Dios. ¿Quisieras tu lo mismo?

4

LA FIESTA A LA CUAL ESTAMOS INVITADOS

Todos guardamos en lo más profundo de nuestro corazón la ilusión de una victoria final del bien sobre el mal. Creo que cualquier persona, sin importar la creencia o la religión, en lo más profundo de su ser espera y anhela que lo malo del mundo un día desaparezca y lo bueno pueda gobernar.

También es cierto que a la mayoría de nosotros nos gusta participar de alguna fiesta o casamiento; comer algo rico y compartir un tiempo con personas que amamos y de quienes sentimos amor y respeto.

La buena noticia es que un día, y no muy lejano, lo malo del mundo tendrá su fin y por otro lado, los que hemos creído y amado a Dios, participaremos del banquete más grande de la historia; participaremos del encuentro del novio con su novia, de Jesús, nuestro amado salvador y redentor, con su iglesia, la escogida.

DÍAS FELICES

Apocalipsis 19:1-10 nos relata lo siguiente:

"Después de esto oí en el cielo un tremendo bullicio, como el de una inmensa multitud que exclamaba: ¡Aleluya! La salvación, la gloria y el poder son de nuestro Dios, ² pues sus juicios son verdaderos y justos: ha condenado a la famosa prostituta que con sus adulterios corrompía la tierra; ha vindicado la sangre de los siervos de Dios derramada por ella. ³ Y volvieron a exclamar: ¡Aleluya! El humo de ella sube por los siglos de los siglos. ⁴ Entonces los veinticuatro ancianos y los cuatro seres vivientes se postraron y adoraron a Dios, que estaba sentado en el trono, y dijeron: ¡Amén, Aleluya! ⁵ Y del trono salió una voz que decía: ¡Alaben ustedes a nuestro Dios, todos sus siervos, grandes y pequeños, que con reverente temor le sirven! ⁶ Después oí voces como el rumor de una inmensa multitud, como el estruendo de una catarata y como el retumbar de potentes truenos, que exclamaban: ¡Aleluya! Ya ha comenzado a reinar el Señor, nuestro Dios Todopoderoso. ⁷ ¡Alegrémonos y regocijémonos y démosle gloria! Ya ha llegado el día de las bodas del Cordero. Su novia se ha preparado, ⁸ y se le ha concedido vestirse de lino fino, limpio y resplandeciente. (El lino fino representa las acciones justas de los santos). ⁹ El ángel me dijo: Escribe: ¡Dichosos los que han sido convidados a la cena de las bodas del Cordero! Y añadió: Estas son las palabras verdaderas de Dios. ¹⁰ Me postré a sus pies para adorarlo. Pero él me dijo: ¡No, cuidado! Soy un siervo como tú y como tus hermanos que se mantienen fieles al testimonio de Jesús. ¡Adora solo a Dios! El testimonio de Jesús es el espíritu que inspira la profecía."

En este texto encontramos por lo menos cuatro momentos o motivos por los cuales los escogidos gritan ¡Aleluya!.

LA FIESTA A LA CUAL ESTAMOS TODOS INVITADOS

El primer grito sucede cuando los escogidos se enteran que la ciudad misteriosa, la prostituta de Babilonia, la gran ramera con la cual se habían prostituido todos los gobiernos del mundo, tanto de derecha, del centro como de izquierda, finalmente fue destruida. Es un grito de alegría y gozo, porque las oraciones de tantos siglos, los deseos de tantos corazones, finalmente hallaron respuesta y Dios ha actuado.

Apocalipsis 19:2-3 dice: "*¡Aleluya! La salvación, la gloria y el poder son de nuestro Dios, ² pues sus juicios son verdaderos y justos: ha condenado a la famosa prostituta que con sus adulterios corrompía la tierra; ha vindicado la sangre de los siervos de Dios derramada por ella.*"

El colapso de la falsa religión finalmente llegó y esa ciudad misteriosa finalmente recibió su merecido. Las lágrimas de cientos de millones de seguidores de la verdadera fe, finalmente encontraron eco en el cielo, desde las lágrimas y el dolor del justo Abel mientras su hermano Caín lo asesinaba porque su adoración era falsa, mientras la de su hermano era la que le había agradado a Dios, hasta el dolor del último mártir que entregó su vida por Jesús.

El segundo grito de alegría sucedió cuando la gran ciudad de Babilonia o el sistema financiero mundial colapsó. Cuando los ricos del mundo se dieron cuenta que su dinero, su oro, su plata o sus inmuebles ya no tenían valor y que nada de todo lo que habían acumulado y por el cual habían sacrificado, tiempo, familia y la integridad de sus corazones ahora ya no tenía valor.

Apocalipsis 19:3 dice: "*Y volvieron a exclamar: ¡Aleluya! El humo de ella sube por los siglos de los siglos.*"

DÍAS FELICES

Cuando nosotros construimos una vida, un negocio, un matrimonio, una carrera o nuestra economía sin tener en cuenta a Dios, el final de una vida así será simplemente humo.

El tercer aleluya es una proclama de la iglesia, representada por los veinticuatro ancianos debido a la victoria que Jesús obtuvo a nuestro favor en la cruz, debido a su victoria sobre la muerte, el pecado y el mismo Satanás. Cuando no se halló a nadie digno de abrir el libro, Juan vio como Jesús aparecía en escena y tomaba ese rollo y abría cada uno de esos sellos. Ahora, el momento de sentarse en el trono, de gobernar y ser honrado como Rey de Reyes y Señor de Señores, había llegado.

El cuarto aleluya nos lleva al primer culto de adoración en el cielo, donde cristianos de todas lenguas, razas y naciones, en unanimidad y como un solo corazón, adorarán al que vive y reina para siempre. Esa alabanza y adoración que ahora le están entregando fue practicada durante la estadía de la iglesia en la tierra y ahora le están ofreciendo el culto más maravilloso que haya existido.

Por eso en el versículo 5 se escucha la consigna: *"¡Alaben ustedes a nuestro Dios, todos sus siervos, grandes y pequeños, que con reverente temor le sirven!"*

Este es el tiempo de adorar a Dios, este es el tiempo de ensayar el coro más majestuoso que haya existido. Este es el tiempo para que nuestras rodillas se doblen y nuestra lengua confiese voluntariamente que Jesucristo es el Señor, porque un día todo el mundo lo deberá hacer, por iniciativa propia o por reconocimiento de superioridad. Este es el tiempo donde nuestro cuerpo

LA FIESTA A LA CUAL ESTAMOS TODOS INVITADOS

con palmas, gritos de júbilo y danza, debe ensayar el cántico más precioso de adoración a nuestro Señor y Salvador Jesucristo.

Sin duda alguna podríamos decir que después de la muerte y la resurrección de Jesús, las bodas del cordero parecen ser el acontecimiento más trascendente que los santos redimidos experimentarán. Será un tiempo glorioso, difícil de explicar con palabras. Será un tiempo donde nuestro Señor, donde el novio, es decir Jesús, se colocará el delantal más resplandeciente y servirá la mesa más extensa que ser humano se haya imaginado.

Allí degustaremos los manjares y los vinos más finos que ningún rico del mundo, con toda su opulencia, pudo haber degustado. Allí estarán los postres mis exóticos y desorbitantes. Allí estarán las carnes más tiernas y los panes más sabrosos. Y saben lo bueno de ello, no tendremos que preocuparnos por la dieta.

Jesús en Mateo 22 habló de estas bodas. Allí nos narra la cruda realidad de que muchos fueron invitados y que uno a uno fue poniendo su excusa para no participar de ella. Y si observamos con detalle esa parábola, nos daremos cuenta que no cometieron grandes pecados ya que trabajar en el campo no es pecado, como tampoco es pecado cuidar de la familia o disfrutar de una de miel o disfrutar de la compra de una yunta de bueyes o de un auto. El problema más grande es que todas estas cosas, para muchos, fue más importante que aceptar la invitación de participar de las bodas.

Creo que la agonía más grande de muchos que irán al infierno será que tendrán que participar de esa eternidad de dolor y sufrimiento con aquellos que han cometido atrocidades, muertes

DÍAS FELICES

y asesinatos, pero ellos simplemente fueron buenas personas. La diferencia entre tirar una piedra grande y una piedra pequeña a una pileta es que la grande hace más ruido que la pequeña, pero ambas se van al fondo. Hay personas que se van a ir al infierno haciendo mucho ruido y otros haciendo poco ruido. Pero en definitiva con mucho o con poco igual se perderán.

Esa novia fue preparada durante siglos para ese momento y son los cristianos que participaron del primer arrebatamiento, los considerados justos y vencedores. Y como una novia, estos escogidos llevan un ropaje especial.

Por un lado, la novia lleva el vestido de la justicia de Jesús que cubre su desnudez, es decir el perdón inmerecido, la gracia extendida. Ese vestido no es visible a los ojos de cualquiera. Ese vestido es un don, es un regalo. De ahí que en el relato de Jesús uno entró, pero pasó desapercibido a los ojos de todos, pero no a los ojos del esposo que se dio cuenta que su desnudez espiritual no había sido cubierta por la justicia de Jesús.

Este primer vestido es el más fácil de colocarse y a su vez el más difícil. Es el más fácil porque se trata de un regalo, algo que no lo merecemos ni lo podemos comprar. Es gratuito, aunque no fue gratis porque Jesús pagó el precio de ese vestido al morir en la cruz. Simplemente me lo puedo vestir pidiéndole perdón a Jesús e invitándolo a que sea el Señor de mi vida.

Pero a su vez es el más difícil porque tengo que renunciar a mis intentos de auto-justificación. Cuando entendemos este principio, lo que estamos haciendo al renunciar a nuestra justicia propia es desvestirnos del ropaje viejo, sucio y roto y colocarnos el blanco, limpio y nuevo vestido de la justicia de Jesús.

LA FIESTA A LA CUAL ESTAMOS TODOS INVITADOS

El otro vestido que está puesto por encima y que es visible al ojo de todos, es el vestido de las acciones justas de los escogidos. Este vestido si tiene un precio y está condicionado por la perseverancia, el trabajo, los frutos y nuestra entrega y fidelidad a Dios. Como siempre decimos, la salvación es gratuita, pero la unción tiene un precio. Este segundo vestido está ligado a las recompensas, a la multiplicación de los talentos recibidos, a la inversión de los dones y capacidades que Dios nos ha otorgado.

El día en que nos encontremos con Jesús y participemos de esa celebración, como lo vimos al estudiar el capítulo 4 de Apocalipsis, en el primer libro, todos los vencedores le traerán y le rendirán a Jesús sus coronas; es decir sus logros, sus recompensas. La Biblia es clara en decir por medio del apóstol Pablo que nuestras obras de justicia serán probadas, que ese segundo vestido será pasado por el fuego y algunos cruzarán medio chamuscados.

Hay muchos indicios, como lo fuimos viendo a lo largo del estudio de este libro, que todos son salvos por la fe en Jesús y por causa de su justicia, pero que no todos participarán del banquete de bodas. Ser la novia de Jesús está determinado o condicionado por nuestra perseverancia, por nuestra fidelidad, por nuestra entrega, por nuestro servicio a Él y a Su causa.

Las Escrituras nos hablan de una boda. Si bien es cierto que no hay tantos detalles como puede haber del cielo, del infierno o de los ángeles; lo cierto es que esa boda se realizará y será una ocasión de mucho júbilo. Será motivo de una gran fiesta. Será motivo de la alegría más profunda que podremos experimentar.

Por alguna razón la revelación de Jesús en público se dio en el

DÍAS FELICES

contexto de una fiesta de bodas en Caná de Galilea y por alguna razón su ministerio terrenal terminó en ese aposento alto con una cena íntima con los más allegados, con los más comprometidos en su causa. Estas dos cenas son prototipos, muestras anticipadas de lo que un día ocurrirá en la eternidad. Esa boda será la fiesta más grande, donde participarán los más íntimos y allegados de toda la historia de la humanidad. Allí estarán sentado los amigos de Jesús, los que invirtieron tiempo en el cuarto secreto, los que lo amaron por encima de sus propias vidas.

Observemos como la cultura griega influenció sobre el occidente. Para nosotros hoy día el centro de una boda es la novia. Todo gira alrededor de ella. En la antigüedad el foco estaba alrededor del novio. Cuando hablamos de las bodas del cordero, Dios volverá a ubicar las cosas como son. El foco, el centro de esa fiesta no será la novia o iglesia, el centro de esa boda será el novio, es decir Jesús.

El pagó el precio de nuestra salvación. El compró y preparó ese lugar asignado en el cielo para cada uno de sus escogidos. En esa boda en la eternidad el que se llevará los aplausos, los aleluyas, los gritos de júbilos y las eternas palabras de gratitud será Jesús; el único digno de abrir los sellos, el único digno de merecimiento de adoración y entrega, no porque sea el Hijo de Dios, sino por haberse hecho hombre, morir en una cruz y de esa manera saldar la enorme deuda que teníamos con Dios por causa de nuestros pecados.

Si observamos lo visto en las cartas escritas a las iglesias en los capítulos 2 y 3 de Apocalipsis, recordaremos que en esas cartas no estaba en juego nuestra salvación, no estaba en juego si íba-

LA FIESTA A LA CUAL ESTAMOS TODOS INVITADOS

mos al cielo o al infierno. Lo que estaba en juego en esas cartas era si nosotros seremos novia o no, si participaremos del primer arrebatamiento evitando de esa manera los días de tribulación o nos quedaremos como las cinco vírgenes insensatas buscando aceite y por ende pasando por la tribulación y sellando nuestra fe en Jesús con la persecución y la muerte por parte del anticristo y su sistema de gobierno.

Si hay algo que podemos rescatar del libro de Apocalipsis es que por medio de esta revelación Dios nos quiere animar a que seamos cristianos comprometidos y no tibios. Nos exhorta a que permanezcamos firme en nuestra fe y en nuestro compromiso con Él.

Recuerdan cuando sus esposos le preguntaron ¿queres ser mi novia? Y si se casaron es porque tu respuesta fue un sí. El llamado o la pregunta de Dios para nosotros hoy es: ¿Querés ser mi novia, sí o no? Si tu respuesta es un gran SÍ, entonces díselo al Señor.

5

LA BATALLA FINAL

Cuando leemos el Antiguo Testamento nos damos cuenta que, desde el mismo comienzo del Génesis, especialmente desde la caída de Adán y Eva, todo apunta a la llegada del Mesías. Y cuando los tiempos fueron cumplidos, Dios envió a Su Hijo al mundo.

Pablo en Gálatas 4:4 dice: "Pero cuando vino el cumplimiento del tiempo, Dios envió a su Hijo, nacido de mujer y nacido bajo la ley." Este versículo declara que Dios el Padre envió a Su Hijo cuando "el tiempo fue cumplido."

Había muchas cosas ocurriendo al mismo tiempo en el primer siglo. Desde el razonamiento humano, parecía ser el tiempo ideal para que Cristo viniera. Esto incluye lo siguiente:

DÍAS FELICES

- Había gran expectativa entre los judíos de ese tiempo por la llegada del Mesías. Los romanos gobernaban sobre Israel, haciendo que los judíos estuvieran ansiosos por la aparición del Mesías.

- Roma había unificado gran parte del mundo bajo su gobierno, dando la sensación de unidad a las muchas tierras conquistadas. Además, como el imperio se encontraba relativamente pacífico, hizo posible que los primeros cristianos pudieran viajar para esparcir el Evangelio, cosa que hubiera sido imposible durante otros tiempos.

- Mientras que Roma había conquistado militarmente, Grecia lo había hecho culturalmente. Una forma "común" del idioma griego (diferente al griego clásico) era el lenguaje comercial, que era hablado a través de todo el imperio, haciendo posible la comunicación del Evangelio a muchos diferentes grupos de gente, mediante un lenguaje común conocido como griego Koiné.

- El hecho de que los ídolos de mucha gente habían "fallado" al negarles la victoria sobre los conquistadores romanos, causó que muchos abandonaran su adoración. Al mismo tiempo en las ciudades más "cultas", la filosofía y la ciencia griega de ese tiempo, dejó a otros espiritualmente vacíos de la misma manera que en la actualidad, el ateísmo, los gobiernos comunistas o el capitalismo deshumanizante han dejado un vacío espiritual en las personas.

- Las religiones misteriosas de ese tiempo, enfatizaban un dios-salvador y requerían que sus adoradores le ofrecieran

LA BATALLA FINAL

sacrificios sangrientos, por lo que hacía que el Evangelio de Cristo, que implicaba un último sacrificio, no fuera algo increíble para ellos. También los griegos creían en la inmortalidad del alma (pero no del cuerpo).

• El ejército romano reclutaba soldados de entre las provincias, exponiendo a estos hombres a la cultura romana y a las ideas (tales como el Evangelio) que de otra manera, no habrían alcanzado a aquellas lejanas provincias. La primera introducción del Evangelio en Gran Bretaña, fue resultado del esfuerzo de soldados cristianos estacionados ahí[1].

• Las rutas de comunicación tanto por tierra como por agua unían a las ciudades más importantes del mundo conocido de esa época.

Y cuando leemos el Nuevo Testamento, todo apunta a la segunda llegada del Mesías, apunta al regreso de Jesús. Y la batalla del Armagedón es el momento en donde Jesús interviene personalmente para dar fin a la historia de la humanidad y abrir las puertas de la eternidad; echo que ocurrirá poco tiempo después que se celebren las bodas del Cordero.

Apocalipsis 19:11-21 nos relata lo siguiente: *"Luego vi el cielo abierto, y apareció un caballo blanco. Su jinete se llama Fiel y Verdadero. Con justicia dicta sentencia y hace la guerra. [12] Sus ojos resplandecen como llamas de fuego, y muchas diademas ciñen su cabeza. Lleva escrito un nombre que nadie conoce sino solo él. [13] Está vestido de un manto teñido en sangre, y su nombre es «el Verbo*

---

[1] https://www.gotquestions.org/Espanol/Jesus-cuando-hizo.html

de Dios». ¹⁴ *Lo siguen los ejércitos del cielo, montados en caballos blancos y vestidos de lino fino, blanco y limpio.* ¹⁵ *De su boca sale una espada afilada, con la que herirá a las naciones. Las gobernará con puño de hierro. Él mismo exprime uvas en el lagar del furor del castigo que viene de Dios Todopoderoso.* ¹⁶ *En su manto y sobre el muslo lleva escrito este nombre: Rey de reyes y Señor de señores.* ¹⁷ *Vi a un ángel que, parado sobre el sol, gritaba a todas las aves que vuelan en medio del cielo: Vengan, reúnanse para la gran cena de Dios,* ¹⁸ *para que coman carne de reyes, de jefes militares y de magnates; carne de caballos y de sus jinetes; carne de toda clase de gente, libres y esclavos, grandes y pequeños.* ¹⁹ *Entonces vi a la bestia y a los reyes de la tierra con sus ejércitos, reunidos para hacer guerra contra el jinete de aquel caballo y contra su ejército.* ²⁰ *Pero la bestia fue capturada junto con el falso profeta. Este es el que hacía señales milagrosas en presencia de ella, con las cuales engañaba a los que habían recibido la marca de la bestia y adoraban su imagen. Los dos fueron arrojados vivos al lago de fuego y azufre.* ²¹ *Los demás fueron exterminados por la espada que salía de la boca del que montaba a caballo, y todas las aves se hartaron de la carne de ellos."*

El apóstol Judas escribe al respecto: *"También Enoc, el séptimo patriarca a partir de Adán, profetizó acerca de ellos: Miren, el Señor viene con millares y millares de sus ángeles para someter a juicio a todos y para reprender a todos los pecadores impíos por todas las malas obras que han cometido, y por todas las injurias que han proferido contra él"* (1:14-15).

En Apocalipsis 11:15 Jesús le reveló a Juan sobre esta guerra al decir: *"El reino del mundo ha pasado a ser de nuestro Señor y de su Cristo, y él reinará por los siglos de los siglos."* Llegará un día en donde Jesús pondrá fin a toda esta maldad del mundo y dará co-

LA BATALLA FINAL

mienzo a su Reino de justicia y paz. Apocalipsis 14:14-20, 16:12-16 hacen referencia a ella también.

Pero esta guerra ha sido profetizada no solamente a través del Apocalipsis sino a través de otros profetas del Antiguo Testamento, como Isaías 63:1-6; Joel 3:12-17, Daniel 2, 7, 9 y 11; Ezequiel 37-38 y Zacarías 14:1-5.

Todos estos profetas indican claramente que el cierre de esta historia termina inevitablemente con derramamiento de mucha sangre y la intervención sobrenatural de Jesús y sus escogidos. Los profetas utilizan unas expresiones de mucho dolor y espanto.

Sin embargo, en Joel 3:16, hallamos una promesa esperanzadora para los hijos de Dios, cuando el profeta exclama: *"Pero el Señor será un refugio para su pueblo, una fortaleza para los israelitas."*

Como hemos mencionado anteriormente, el anticristo engañará a la humanidad firmando un pacto de paz entre las naciones e Israel. Pero luego de tres años y medio, cuando el templo de Jerusalén haya sido reconstruido y se restauren los sacrificios, el anticristo blasfemará contra Dios sacrificando un cerdo en el altar mayor. Allí les serán abiertos los ojos de los israelitas y a partir de ese día, como en un embudo, los acontecimientos que irán sucediendo se precipitarán y terminarán en una guerra entre las naciones que se reunirán para destruir a Israel.

Zacarías habla de mucho dolor, persecución, exilio y aclara que todas las naciones pelearán contra Israel. Algunos creen que el valle de Meguido será el escenario de la batalla más cruenta que la humanidad haya experimentado. Las profecías nos hablan de

DÍAS FELICES

miles de kilómetros cuadrados cubiertos de un espesor considerable de sangre. Cuando pareciera que Israel fuera aniquilada, Jesús aparece en escena con los santos redimidos a hacer batalla en contra de los enemigos de Israel.

John F. Walvoord, ex presidente del Seminario Teológico de Dallas (EE.UU.), dice que el Armagedón es *"la guerra suicida final de una desesperada confrontación mundial en torno al Medio Oriente."* Walvoord señala que el centro de este gran conflicto futuro estará en 'el Monte de Meguido,' una montaña pequeña ubicada en el norte de Israel al final de un amplio valle[2].

Sin embargo, el libro de Apocalipsis no es necesariamente un mapa para llegar a un lugar literal llamado Armagedón y esta batalla también puede ser interpretada no como un lugar específico en el mapa del mundo, sino como una guerra final librada sobre el planeta tierra.

Apocalipsis 1:1 habla de que el relato se presenta "en señales," de modo que también podemos pensar que las personas no se reunirán literalmente en la montaña de Meguido.

Lo que ocurrió en el Meguido del pasado nos da una idea de la situación en la que se hallarán los enemigos de Dios: no tendrán escapatoria. Por lo tanto, en el Armagedón, Dios se asegurará de acabar con toda la corrupción y la maldad que existen en el mundo.

Apocalipsis 21:8 expresa: *"Pero los cobardes, los incrédulos, los abominables, los asesinos, los que cometen inmoralidades sexuales, los*

---

[2] http://wol.jw.org/es/wol/d/r4/lp-s/2008250

LA BATALLA FINAL

que practican artes mágicas, los idólatras y todos los mentirosos recibirán como herencia el lago de fuego y azufre. Esta es la segunda muerte."

Durante el tiempo de la tribulación, como mencionamos, Israel firmará un tratado de paz con el anticristo, pero luego ese pacto con el anticristo y una confederación de 10 naciones se romperá y el gobierno del nuevo orden no solo irá en contra de Israel sino también de los cristianos que no fueron arrebatados en la primera vuelta.

Quizás alguien se pregunte, ¿cómo puede ser que todas las naciones se pongan de acuerdo en perseguir a Israel y a los cristianos? Si recuerdan lo que vimos en el capítulo 16 de Apocalipsis, allí observamos que la apertura de uno de los sellos, que en ese capítulo Juan lo identifica con las copas de la ira de Dios, nos habla de demonios que salieron del mismo infierno a engañar a las naciones.

Los versículos 12-14 dicen: *"El sexto ángel derramó su copa sobre el gran río Éufrates, y se secaron sus aguas para abrir paso a los reyes del oriente. Y vi salir de la boca del dragón, de la boca de la bestia y de la boca del falso profeta tres espíritus malignos que parecían ranas. Son espíritus de demonios que hacen señales milagrosas y que salen a reunir a los reyes del mundo entero para la batalla del gran día del Dios Todopoderoso."*

Pablo en Tesalonisenses 2:11-12 nos advierte al respecto, al decir: *"Por eso Dios permite que, por el poder del engaño, crean en la mentira. Así serán condenados todos los que no creyeron en la verdad, sino que se deleitaron en el mal."*

DÍAS FELICES

Como resultado de esta endemonización generalizada, las naciones del mundo rodearán a Israel y llegará la opresión a un punto tan desesperante donde las estrategias bélicas de Israel, su conocimiento, su sabiduría y su experiencia ya no les servirá para librarse de las garras del enemigo. Ante esa situación límite entonces Israel invocará a Dios y Dios una vez más, y esta vez de manera definitiva, le saldrá al encuentro.

Así como los ángeles le dijeron a los discípulos de Jesús, cuando estos le vieron ascender, que de la misma manera regresaría a la tierra. Ese día los pies gloriosos de nuestro salvador, que llevarán las marcas de los clavos, harán pie en el monte de los Olivos. Y esto no será de manera espiritual o en el intelecto de las personas; ese regreso será visible a los ojos de todo el universo.

Pero no vendrá solo, con Él estaremos los que fuimos arrebatados en la primera vuelta, los que participaron de la primera resurrección, los que aceptaron la invitación y participaron del banquete de bodas. Jesús regresará con su ejército de soldados que luego gobernarán con Él durante 1000 años sobre la tierra, recibiendo autoridad para gobernar sobre pueblos, ciudades y naciones.

Ese día los ojos de los israelitas serán abiertos y el velo que los cubría por siglos les será quitado. Entonces sus ojos verán al Mesías, al mismo que ellos habían crucificado hace unos 2000 años tras. Allí sucederá la conversión en masa de los Israelitas. Los que estén vivos reconocerán a Jesús como el Mesías, como el Señor y salvador de sus vidas. A partir de esa conversión en masa, Jesús peleará por ellos y vencerá de una buena vez y por todas al enemigo de nuestras almas, al enemigo acérrimo de Dios.

LA BATALLA FINAL

Ese día, de la boca de Jesús saldrán palabras de autoridad y el enemigo caerá a sus pies. Vimos un anticipo de ellos cuando en el monte de los Olivos arrestaron los soldados romanos a Jesús. Cuando Jesús les preguntó a quién buscaban y ellos dijeron a Jesús; al identificarse Jesús y decir: "yo soy al que buscan", automáticamente esos soldados cayeron sobre sus rodillas.

Pablo declara en Filipenses que ese día toda rodilla se doblará, tanto de los que están en la tierra, debajo o sobre a tierra. Allí el anticristo, la bestia y el falso profeta, es decir la trinidad infernal se asombrarán, porque para ese entonces habrán creído que Dios ya no existía (Recordemos que en los últimos años Satanás ya no tendrá acceso a la presencia de Dios, como lo tiene hoy).

¿Que nos dice esto? El resumen de todo esto lo expresa muy bien el autor Werner Kniesel cuando escribe: *"Cada vez que Dios es rechazado, viene el engaño. No podemos rechazar a Dios y quedar iguales. Siempre que una persona, un grupo de personas o una nación rechaza a Dios, a continuación vendrá el engaño."*[3]

Si ustedes observan o conocen a personas que un día sirvieron y amaron a Dios y que luego por diferentes razones, justificadas o no, se alejaron de Dios y de su iglesia, muchos de ellos luego terminan siendo enemigos de Dios.

En una de las iglesias que pastoreamos hace muchos años, el tesorero se había alejado de Dios y de la iglesia cuando fue confrontado por una mala administración de los recursos de Dios y se fue muy enojado. Se convirtió en una persona enemiga de Dios.

---
[3] Kniesel, Werner. Apocalipsis. Aljaba Producciones, 2015. Pg. 169.

DÍAS FELICES

Personas allegadas a él contaron que en sus últimos días se retorcía en la cama porque los demonios lo atormentaban. Un día su esposa entró al garaje de su casa y lo vio colgado con una soga al cuello. Un final que podría haber sido diferente, si tan solo hacía las paces con Dios.

No podemos jugar con Dios, no podemos coquetear con el evangelio y creer que quedaremos ilesos. Tarde o temprano el enemigo nos engaña y nos conduce a una vida estéril, vacía, enferma y sin sentido. Terminamos siendo humo.

La gracia de Dios es maravillosa y no hay palabra para describir como ese amor de Dios puede aceptarme a mí con todas mis falencias. Esa gracia es paciente y es inmensamente grande. Sin embargo, también es bueno recordarnos que tiene un límite.

Así como un día se cerró el capítulo con los israelitas y se abrió el capítulo con los gentiles; nunca olvidemos que un día ocurrirá a la inversa. Un día, y no muy lejos de hoy, esa gracia inconmensurable, grande y misericordiosa se terminará.

Y lo peor de todo esto es que eso nunca debería haber ocurrido porque el pecado de la humanidad había sido saldado en esa cruz cuando el Hijo de Dios fue crucificado y allí derramó hasta su última gota de sangre. Era tan sencillo, los seres humanos sólo teníamos que reconocer nuestro pecado, pedirle perdón y reconocer a Jesús como nuestro Señor y salvador.

Si hasta hoy no has estado a cuentas con Dios, acepta el desafío del profeta Amós, cuando le decía al pueblo de Israel: *"¡prepárate, Israel, para encontrarte con tu Dios!"* Ninguna religión puede salvarnos, sólo Jesús.

LA BATALLA FINAL

Este es el tiempo en donde la iglesia de Jesús, que está dentro de la iglesia, debe afinar su sintonía con el Espíritu Santo. Este es el tiempo en donde debemos permitir que Jesús santifique nuestras vidas. Este es el tiempo en donde necesitamos ser obedientes a la revelación que hemos recibido y caminar detrás de una revelación mayor. Este es el tiempo en donde necesitamos duplicar el esfuerzo y como dijera el apóstol Judas arrebatar a aquellos que están quemándose en esta vida dentro del fuego del infierno.

Si estás en Cristo no debes temer a los acontecimientos que vendrán. Recordemos la promesa esperanzadora para los hijos de Dios, cuando el profeta Joel exclama: *"Pero el Señor será un refugio para su pueblo, una fortaleza para los israelitas"* (3:16). Ven a refugiarte hoy en los brazos de Jesús.

6

PRISIÓN PREVENTIVA PARA EL ENEMIGO

Si escuchamos o miramos las noticias no solo del país en donde vivimos, sino del mundo; observaremos que hay muchas personas que deberían estar encarceladas de por vida por todo el daño que han causado a la sociedad.

Cuando analizamos la historia y estudiamos el proyecto original de Dios para el hombre y la mujer en el Edén, recordaremos que eran planes de bien para ellos y su descendencia.

Pero un día el enemigo engañó a esa mujer y a ese hombre, haciéndoles que hagan uso de su libre albedrío y que comieran de ese fruto prohibido. Lo demás es historia. La naturaleza humana fue dañada y a partir de allí ingresó el pecado y miles de manifestaciones que una mente redimida ni siquiera puede concebir.

Un hijo matando a su padre por una discusión por un auto. Car-

DÍAS FELICES

gamentos de droga para dañar las vidas de niños, adolescentes y jóvenes, haciendo que toda una generación se pierda. Mujeres asesinadas. Niñas abusadas por familiares cercanos. Guerras por ambiciones desmedidas de poder, control y riqueza. Todo esto ha sido un caos. Pero Dios nunca tuvo planes de mal para sus hijos. Dios no patrocina las enfermedades, las separaciones, los femicidios, los abusos o la pobreza.

Por años, al igual que ese niño travieso que tira una piedra y esconde la mano, el enemigo ha hecho igual. Ha tirado la piedra, ha dañado la humanidad y ha hecho creer que el malo de la película ha sido Dios. Y nosotros los humanos nos hemos ensañado contra Dios, nos hemos enojado con él, lo hemos tratado de injusto y malo; sin embargo, el culpable de todo esto sigue suelto.

Pero la buena noticia para nosotros es que pronto, el enemigo de Dios será aprisionado y ya no podrá hacer más daño.

Apocalipsis 20:1-3 7-10 nos dice lo siguiente:

"Vi además a un ángel que bajaba del cielo con la llave del abismo y una gran cadena en la mano. [2] Sujetó al dragón, a aquella serpiente antigua que es el diablo y Satanás, y lo encadenó por mil años. [3] Lo arrojó al abismo, lo encerró y tapó la salida para que no engañara más a las naciones, hasta que se cumplieran los mil años. Después habrá de ser soltado por algún tiempo. Cuando se cumplan los mil años, Satanás será liberado de su prisión, [8] y saldrá para engañar a las naciones que están en los cuatro ángulos de la tierra —a Gog y a Magog—, a fin de reunirlas para la batalla. Su número será como el de las arenas del mar. [9] Marcharán a lo largo y a lo ancho de la tierra, y rodearán el campamento del pueblo de Dios, la ciudad que

PRISIÓN PREVENTIVA AL ENEMIGO

él ama. Pero caerá fuego del cielo y los consumirá por completo. ¹⁰ El diablo, que los había engañado, será arrojado al lago de fuego y azufre, donde también habrán sido arrojados la bestia y el falso profeta. Allí serán atormentados día y noche por los siglos de los siglos."
El enemigo que ha sabido camuflarse por muchos siglos y ha tomado diferentes nombres y formas, como dragón, la serpiente antigua o diablo; finalmente será apresado. Todos estos nombres reflejan la esencia de su carácter. Ha sido malvado, astuto, mentiroso, engañador y acusador.

Como acusador nos ha sacado kilómetros de ventaja. Cada vez que hemos cometido un error él se ha presentado frente a Dios para acusarnos y llenarnos de culpas. Pero como dijera Juan, en su primera carta; gracias a Dios que hemos tenido un excelente abogado que supo defendernos de sus acusaciones y muchos supimos refugiarnos en esa verdad.

Spurgeon, el gran predicador inglés, solía decirles a sus estudiantes en el seminario: Cuando ustedes hablen del cielo, por favor sonrían; pero cuando hablen del infierno sus rostros normales están bien.

El tema de este capítulo básicamente está centrado en el destino eterno de aquellos que no quisieron conocer a Dios. Observaremos en este pasaje leído y en otros, que la Biblia hace referencia a tres lugares en donde el enemigo tiene entrada o tendrá su morada eterna.

Hades o Seol

Este lugar también es conocido como el inframundo. También al-

DÍAS FELICES

gunos interpretan como infierno, pero en realidad, si bien no está mal llamarlo así, no es el infierno o lugar definitivo, sería como una antesala. Se nombra más veces en el Antiguo Testamento que en el Nuevo y ahora les diré por qué.

En Lucas 16 Jesús nos narra una historia, y es bueno aclarar que no es una parábola (las parábolas son historias inventadas para enseñar un principio). Por unos instantes Jesús les corrió el velo de la eternidad y permitió que sus discípulos pudieran ver con sus ojos espirituales la realidad de la vida posterior a la muerte.

Allí Jesús nos cuenta la historia del hombre rico y del hombre pobre, Lázaro. Llama la atención que al pobre Jesús lo identifica con un nombre en esa historia, pero al rico, al malvado, no. En esta historia vemos el contraste del hombre rico que puso toda su confianza en las cosas materiales con la del pobre que al no tener nada, confió plenamente en Dios. Luego de un tiempo ambos murieron.

Jesús dice que el pobre fue llevado por los ángeles al seno de Abraham; mientras que el rico fue llevado al Hades. Jesús nos habla aquí de dos lugares. Por los detalles de la descripción que hace, parece ser que las personas que están en un sector del Hades tienen memoria, recuerdos, reconocen a personas y recuerdan las veces que alguien les habló de Dios y de la necesidad de arrepentirse y que no quisieron o no lo hicieron.

Por esa razón el hombre rico le pide a Dios que envíe a alguien del otro sector que está separado por un gran abismo, para que les predique a sus familiares y así no tengan que ir al mismo lugar. Pero Dios le dice que siempre hubo profetas, pastores, cristianos,

PRISIÓN PREVENTIVA AL ENEMIGO

etc. que les han hablado, pero que no han querido creer. De modo que tampoco creerán si alguien regresa de la muerte.

Si recordamos el Credo cristiano, tendremos algo de luz sobre este tema. Dice así: *"Creo en Dios, Padre Todopoderoso, Creador del cielo y de la tierra. Creo en Jesucristo, su único Hijo, Nuestro Señor, que fue concebido por obra y gracia del Espíritu Santo, nació de la Virgen María, padeció bajo el poder de Poncio Pilato, fue crucificado, muerto y sepultado,* **descendió a los infiernos,** *al tercer día resucitó de entre los muertos, subió a los cielos y está sentado a la derecha de Dios, Padre Todopoderoso. Desde allí ha de venir a juzgar a los vivos y a los muertos. Creo en el Espíritu Santo, la santa Iglesia cristiana, la comunión de los santos, el perdón de los pecados, la resurrección de la carne y la vida perdurable. Amén."*

Cuando nosotros declaramos que creemos que Jesús descendió a los infiernos, hacemos referencia a 1 Pedro 4:6 donde dice: *"Por esto también se les predicó el evangelio aun a los muertos, para que, a pesar de haber sido juzgados según criterios humanos en lo que atañe al cuerpo, vivan conforme a Dios en lo que atañe al espíritu."*

En otras palabras, Jesús bajó al inframundo mientras su cuerpo yacía en esa tumba. La Biblia dice que hasta ese momento el diablo tenía las llaves de ese lugar y que Jesús descendió a ese lugar a quitarle las llaves, a declararle que ya no tenía poder sobre la muerte.

Efesios 4:10 *"El que descendió es el mismo que ascendió por encima de todos los cielos, para llenarlo todo."*

Hebreos 2:14-15 *"Por tanto, ya que ellos son de carne y hueso, él*

DÍAS FELICES

también compartió esa naturaleza humana para anular, mediante la muerte, al que tiene el dominio de la muerte —es decir, al diablo, y librar a todos los que por temor a la muerte estaban sometidos a esclavitud durante toda la vida."

Jesús no se quedó en ese inframundo y a partir del día de la resurrección de Jesús, los que mueren sin Cristo esperan en el Hades para ser juzgados y los que mueren en Cristo van al paraíso. Ese día que Jesús descendió, le quitó las llaves al enemigo y sacó a los que habían confiado en Dios desde el comienzo de la historia del ser humano y los trasladó al paraíso, que sería como una antesala del cielo.

Por eso Pablo podía decir que estaba entre dos deseos, quedarse aquí para seguir predicando o morir y estar con Cristo. A partir de la resurrección de Jesús, los que mueren sin conocer a Dios van al Hades para esperar a ser juzgados y luego condenados al lago de fuego o el infierno. Los que mueren conociendo a Jesús, van al paraíso para esperar también el juicio, no de condenación sino para ver las coronas que recibirán y luego ser enviados definitivamente al cielo.

El abismo

Es el lugar de la morada de los demonios. Allí se encuentran los demonios que están atados esperando el día del juicio. En Apocalipsis 9 leemos que de esa prisión saldrán espíritus que tomarán forma de escorpiones y langostas para torturar a las personas durante los días de la tribulación.

En apocalipsis 11:7 y 17:8 leemos que la bestia, el anticristo va a

PRISIÓN PREVENTIVA AL ENEMIGO

salir de ese lugar. En resumen, un poderoso demonio tomará control de una persona que será el anticristo y hará que haga atrocidades en contra de los hijos de Dios y de aquellos que no quieran sujetarse al nuevo orden. De otra manera no se puede explicar tanta maldad.

Jesús habló de ese lugar en Lucas 8, cuando tuvo el diálogo con el joven endemoniado de Gadara. El demonio, al ver a Jesús le dijo: *"¿Por qué te entrometes, Jesús, Hijo del Dios Altísimo? ¡Te ruego que no me atormentes!"* Jesús comenzó a reprenderlos, dice el texto, *"y ellos le suplicaban a Jesús que no los mandara al abismo"* (8:28, 31).

La Biblia es clara en decir que el abismo es el lugar de morada de los ángeles caídos. Judas 1:6 declara: *"Y a los ángeles que no mantuvieron su posición de autoridad, sino que abandonaron su propia morada, los tiene perpetuamente encarcelados en oscuridad para el juicio del gran Día."*

Cuando termine la batalla del Armagedón y Jesús con sus escogidos venza al ejército enemigo y comience a gobernar aquí en la tierra, el diablo será echado y encadenado en ese lugar. Pero ésta es como una prisión preventiva, no se refiere al infierno en sí mismo y tampoco es el lugar definitivo para Satanás y sus demonios

El lago de fuego y azufre

El lago de fuego y azufre es el lugar denominado por la Biblia como infierno, conocido como la Gehena. Se menciona varias veces en el Antiguo Testamento y en el Nuevo Testamento hallamos 12 referencias.

DÍAS FELICES

Jesús habló de este lugar en los evangelios, cuando dijo por ejemplo en:

Mateo 5:29-30 *"Por tanto, si tu ojo derecho te hace pecar, sácatelo y tíralo. Más te vale perder una sola parte de tu cuerpo, y no que todo él sea arrojado al infierno. Y, si tu mano derecha te hace pecar, córtatela y arrójala. Más te vale perder una sola parte de tu cuerpo, y no que todo él vaya al infierno".*

Mateo 25:41, 46 *"Luego dirá a los que estén a su izquierda: Apártense de mí, malditos, al fuego eterno preparado para el diablo y sus ángeles. Aquellos irán al castigo eterno, y los justos a la vida eterna."*

La idea o nombre de la Gehena se toma del valle de Hinnon que está a las afueras de Jerusalén. Antiguamente era el lugar donde los israelitas ofrecían sacrificios humanos a los ídolos. En tiempos de Jesús, era el basural de la ciudad.

Si leemos atentamente el texto bíblico, descubriremos que ese lugar, el infierno, fue creado para Satanás y sus demonios. No fue creado para el ser humano. Para el ser humano Dios había creado el cielo, pero este se dejó engañar por el enemigo y comenzando desde el mismo Caín, ha arrastrado un porcentaje muy alto de seres humanos a ese lugar.

Apocalipsis es claro en decir que el anticristo, la bestia y el falso profeta, es decir la trinidad infernal, serán arrojados a ese lago. En la porción leída de Apocalipsis 20 observamos que hay dos momentos cruciales. Primero, cuando Jesús vence la guerra del Armagedón, esta trinidad será encarcelada temporalmente en el abismo, mientras se desarrollen los 1000 años de justicia, paz y

PRISIÓN PREVENTIVA AL ENEMIGO

equidad sobre la tierra, liderado por el máximo General llamado Jesucristo y los cristianos vencedores que participaron de las bodas del Cordero gobernando la tierra.

Una vez que se cumplan los 1000 años sobre la tierra, la Biblia nos dice que esta falsa trinidad es liberada por un tiempo y vuelve a la tierra con el propósito de engañar a los que en ella estén habitando. Como el ser humano tiene libre albedrío, logrará engañar nuevamente a muchos y querrá reorganizarse para tener una revancha.

Pero ya no habrá treguas, Jesús lo tomará y ahora sí, en lugar de enviarlo a esa cárcel preventiva, será enjuiciado y condenado por la eternidad al lago de fuego y azufre junto a todos los ángeles caídos que se habían revelado contra Dios en el cielo miles de años antes. Al mismo tiempo, todos aquellos seres humanos cuyos nombres no estén escritos en el libro de la vida, pasarán por el juicio del gran trono blanco y serán condenados a ese mismo lugar por no haber creído en Jesús.

Cualquiera de estos tres lugares, tanto el Abismo, el Hades como el lago de fuego y azufre fueron creados por Dios para Satanás y sus demonios. Estos lugares no fueron creados para el ser humano. Por eso resulta necesario que nosotros entendamos por qué Jesús vino al mundo.

Jesús no vino a este mundo a morir en una cruz para mejorar nuestra vida, para que este mundo sea un poco mejor. No vino para darnos una pincelada y hacer de nuestra vida algo más linda. El vino para salvarnos de esa eternidad lejos de Dios.

En la tierra hoy cohabitan dos tipos de personas: Están aquellas

DÍAS FELICES

que solo son creación de Dios y están aquellos que somos creación y también hijos. O estás perdido y lejos de Dios y por ende en el infierno, o eres salvo e hijo de Dios y por ende el cielo.

Esta vida es un ensayo en donde nosotros decidimos nuestro destino eterno. Podemos tener mucho dinero, dejar un buen legado de bienes a nuestros hijos y nietos y finalmente perdernos eternamente en el lago de fuego, o podemos vivir en paz, con todo lo necesario que Dios nos ha prometido y finalmente compartir la eternidad con quien nos ha creado; lugar del cual nunca debimos habernos alejado.

En un momento los discípulos regresaron de haber predicado y sanado a los enfermos y con mucha alegría le comentaban a Jesús como sanaron y como liberaron a las personas. Entonces Jesús, para ubicarlos correctamente, les dijo: *"No se alegren de que puedan someter a los espíritus, sino alégrense de que sus nombres están escritos en el cielo"* (Lucas 10:20).

Si conociste a Jesús, entonces el diablo es para vos un enemigo vencido. Si todavía no lo has hecho, ponte a cuentas con Dios. El saldó nuestra deuda en la persona de su Hijo al morir en una cruz. No tenemos por qué terminar en el infierno, cuando en realidad Dios nos dio una vía de escape al morir Jesús por nuestros pecados.

Hoy podemos cuestionarnos y sentirnos desilusionados por los males que nos han hecho o por las luchas que hemos tenido. Pero sabes que, llegará un día, y muy pronto será ese día, que Dios encarcelará a nuestro enemigo, por 1000 años disfrutaremos del diseño o plan que Dios tenía con el hombre al haberlo puesto en el

PRISIÓN PREVENTIVA AL ENEMIGO

Edén. El enemigo será liberado por un breve tiempo de ese Hades para luego ser condenado y eternamente encarcelado en el lago de fuego.

Podemos trabajar, estudiar, disfrutar de esta vida y de las bendiciones que Dios nos ha dado, pero nunca olvidemos que estamos de paso y que hay un límite y una hora final para este capítulo de la historia.

Si hay algo que debería preocuparnos más que ver como pagamos el gas, la luz, donde trabajaremos y de qué viviremos; es asegurarnos de que nuestros nombres estén registrados en ese libro de la vida.

7

LA RESURRECCIÓN DETERMINANTE

Cuando pensamos en la vida después de la muerte, desde tiempos inmemoriales hay dos corrientes fuertes, que han caminado como líneas paralelas, y no hay posibilidad de que se unan jamás. Son como los caminos de la falsa adoración y la verdadera adoración, o los caminos de la autosalvación o la salvación por gracia. Una es la que promueve la resurrección de los muertos y la otra la que promueve la reencarnación.

Si analizamos la religión verdadera y la comparamos con la falsa, veremos que un elemento determinante entre la falsa y la verdadera es que la falsa le va a decir a sus seguidores lo que deben hacer para agradar al objeto de su deidad; mientras que la verdadera nos cuenta lo que hizo Dios para acercarse a nosotros.

Si tomamos el tema de la vida después de la muerte, los que creen en la reencarnación utilizan esta doctrina como un elemento salvífico. Ellos creen que si te portas mal reencarnas hacia atrás y podés terminar siendo una cucaracha; pero si te portas bien te vas reencarnando en sucesivas vidas hasta llegar a la perfección, donde tu karma se eleva al nivel del maestro Jesús.

Sin embargo, cuando vemos el tema de la resurrección, entendemos que el elemento determinante es Dios, quien nos resucita. Es un poder sobrenatural que actúa en nosotros y no somos nosotros los que generamos la resurrección.

Cuando hablamos de resurrección, la Biblia nos dice claramente que habrá dos momentos históricos de resurrecciones masivas. Y deja muy en claro que el desafío es poder participar de la primera, ya que de la segunda resurrección participarán únicamente aquellas personas que no conocieron a Dios.

Apocalipsis 20:4-6, 11-15 nos dice lo siguiente:

"Entonces vi tronos donde se sentaron los que recibieron autoridad para juzgar. Vi también las almas de los que habían sido decapitados por causa del testimonio de Jesús y por la palabra de Dios. No habían adorado a la bestia ni a su imagen, ni se habían dejado poner su marca en la frente ni en la mano. Volvieron a vivir y reinaron con Cristo mil años. ⁵ Ésta es la primera resurrección; los demás muertos no volvieron a vivir hasta que se cumplieron los mil años. ⁶ Dichosos y santos los que tienen parte en la primera resurrección. La segunda muerte no tiene poder sobre ellos, sino que serán sacerdotes de Dios y de Cristo, y reinarán con él mil años. Luego vi un gran trono blanco y a alguien que estaba sentado en él. De su presencia huyeron la tierra y el cielo, sin dejar rastro alguno. ¹² Ví también a los muertos, grandes y pequeños, de pie delante del trono.

LA RESURRECCIÓN DETERMINANTE

Se abrieron unos libros, y luego otro, que es el libro de la vida. Los muertos fueron juzgados según lo que habían hecho, conforme a lo que estaba escrito en los libros. ¹³ El mar devolvió sus muertos; la muerte y el infierno devolvieron los suyos; y cada uno fue juzgado según lo que había hecho. ¹⁴ La muerte y el infierno fueron arrojados al lago de fuego. Este lago de fuego es la muerte segunda. ¹⁵ Aquel cuyo nombre no estaba escrito en el libro de la vida era arrojado al lago de fuego."

Veamos la secuencia de los últimos acontecimientos: Arrebatamiento – Bodas del Cordero – 7 años de tribulación – Armagedón – Regreso de Jesús – 1º resurrección – Encarcelamiento de Satanás – Milenio – liberación temporal de Satanás – 2º resurrección – juicio final y eternidad.

En cuanto a este tema de la resurrección quiero hacer referencia a cuatro cosas:

Habrá resurrección

En la Biblia encontramos diferentes autores que vivieron en diferentes lugares y tiempos, hablando acerca de esta doctrina fundamental del cristianismo, que es la resurrección. Pablo, escribiendo a la iglesia de Corinto les decía: *"Si Cristo no ha resucitado, vana es entonces nuestra predicación, y vana también vuestra fe"* (1 Corintios 15:14).

De modo que con certeza podemos decir que Dios declaró que sin duda alguna habrá una resurrección de los muertos. En Mateo 22:23-31 encontramos un diálogo muy interesante entre Jesús y los líderes religiosos de esa época.

DÍAS FELICES

"Ese mismo día los saduceos, que decían que no hay resurrección, se le acercaron y le plantearon un problema: Maestro, Moisés nos enseñó que, si un hombre muere sin tener hijos, el hermano de ese hombre tiene que casarse con la viuda para que su hermano tenga descendencia. ²⁵ Pues bien, había entre nosotros siete hermanos. El primero se casó y murió y, como no tuvo hijos, dejó la esposa a su hermano. ²⁶ Lo mismo les pasó al segundo y al tercer hermano, y así hasta llegar al séptimo. ²⁷ Por último, murió la mujer. ²⁸ Ahora bien, en la resurrección, ¿de cuál de los siete será esposa esta mujer, ya que todos estuvieron casados con ella? ²⁹ Jesús les contestó: Ustedes andan equivocados porque desconocen las Escrituras y el poder de Dios. ³⁰ En la resurrección, las personas no se casarán ni serán dadas en casamiento, sino que serán como los ángeles que están en el cielo. ³¹ Pero, en cuanto a la resurrección de los muertos, ¿no han leído lo que Dios les dijo a ustedes: ³² "Yo soy el Dios de Abraham, de Isaac y de Jacob"? Él no es Dios de muertos, sino de vivos."

Jesús fue muy cuidadoso al principio de su ministerio en revelar su deidad; pero cuando se trataba de algunas doctrinas fundamentales fue muy directo. Cuando un joven rico quiso ver si podía ser salvo por sus propios medios, Jesús le dijo: *"Anda, vende todo, dáselo a los pobres y tu ven y sígueme"*. Cuando los saduceos le plantearon esta situación de este hombre con sus 7 mujeres, Jesús fue al grano y les dijo: "Ustedes están equivocados" y les aseguró que habría resurrección de muertos. De hecho, en su ministerio hay varios casos en donde se registra que Jesús resucitó muertos.

De modo que una de las grandes diferencias entre el verdadero cristianismo y las demás religiones es que nosotros creemos en la resurrección de los muertos; que está íntimamente ligado al proyecto original de vida que Dios tenía para nosotros y a un estilo

LA RESURRECCIÓN DETERMINANTE

de vida por gracia en donde dependemos absolutamente de Dios.

Habrá dos instantes de resurrección

La segunda cosa que la Biblia afirma es que habrá dos momentos de resurrección, para dos grupos diferentes de personas. Hay varios pasajes que nos hablan de la primera y de la segunda resurrección.

En Lucas 14 Jesús, hablando en casa de un Fariseo, sobre a quién invitar a un banquete; le dice que, si invitamos a los que no pueden devolvernos el favor, entonces estamos sembrando para nuestra eternidad: *"Entonces serás dichoso, pues aunque ellos no tienen con qué recompensarte, serás recompensado en la resurrección de los justos"* (Vs. 14).

En Juan 6, Jesús reitera tres veces la promesa de que al final Él resucitará a los justos para darles su recompensa.

"Porque la voluntad de mi Padre es que todo el que reconozca al Hijo y crea en él tenga vida eterna, y yo lo resucitaré en el día final" (vs. 40).

"Nadie puede venir a mí si no lo atrae el Padre que me envió, y yo lo resucitaré en el día final" (vs. 44).

"El que come mi carne y bebe mi sangre tiene vida eterna, y yo lo resucitaré en el día final" (vs. 54).

Algunas religiones que se identifican con el cristianismo no creen en el infierno, entonces enseñan que solo los justos resucitarán y

DÍAS FELICES

que los malos, los que no conocieron a Dios, finalmente serán aniquilados. Entre ellos están los Testigos de Jehová y los Adventistas del 7 día.

El Catolicismo, si bien cree en el infierno, enseña acerca del purgatorio, donde establece un sistema para que aquellas personas que no lograron arreglar sus cuentas con Dios en esta vida, puedan a través de los años purgar sus pecados en ese lugar, sumado a ello las indulgencias. Una definición al respecto dice: "El purgatorio es un estado de purificación de las almas de los muertos en el que purgan sus pecados antes de alcanzar la gloria."

Alcanzar la gloria es un regalo, es por gracia y no tiene mérito alguno. Además, la Biblia es clara en decir que después de la muerte está el juicio, que ya no hay más oportunidades. Hebreos 9:27-28 nos dice:

"Y así como está establecido que los seres humanos mueran una sola vez, y después venga el juicio, 28 también Cristo fue ofrecido en sacrificio una sola vez para quitar los pecados de muchos; y aparecerá por segunda vez, ya no para cargar con pecado alguno, sino para traer salvación a quienes lo esperan."

La Biblia es clara en decir que los malos, los que no conocieron a Dios también resucitarán, pero estos para ser juzgados y arrojados al infierno o lago de fuego, como lo describe Juan en su visión. Esta diferencia entre los justos y los injustos ya era visto por los profetas del Antiguo Testamento, como ser Daniel, que hablaba de una multitud que duerme en el polvo de la tierra (Daniel 12:2).

Lo que Juan está viendo y escuchando en esta revelación de Apo-

LA RESURRECCIÓN DETERMINANTE

calipsis 20 no es totalmente nuevo. Jesús ya les había hablado de esta realidad a sus discípulos cuando estaba con ellos en la tierra. Juan 5:28-29 registra lo siguiente:

"No se asombren de esto, porque viene la hora en que todos los que están en los sepulcros oirán su voz, ²⁹ y saldrán de allí. Los que han hecho el bien resucitarán para tener vida, pero los que han practicado el mal resucitarán para ser juzgados."

El apóstol Pablo también enseñó esta verdad acerca de la resurrección de los justos y los injustos. Lucas, en Hechos 24:15 registra:

"Tengo en Dios la misma esperanza que estos hombres profesan, de que habrá una resurrección de los justos y de los injustos."

Ambos grupos resucitarán. No es verdad que solo los justos resucitan y que los demás serán aniquilados. El Dios de amor no quiere que nadie sufra, que nadie vaya al infierno, pero la decisión la tomamos nosotros.

Habrá una diferencia de tiempo entre la primera y la segunda resurrección

En el pasaje leído de Apocalipsis 20 la Biblia nos enseña que habrá un lapso de 1000 años entre la primera y la segunda resurrección.

Recordemos lo que nos dicen los versículos 4-6 *"Volvieron a vivir y reinaron con Cristo mil años. ⁵ Ésta es la primera resurrección; los demás muertos no volvieron a vivir hasta que se cumplieron los mil años. ⁶ Dichosos y santos los que tienen parte en la primera resurrección. La segunda muerte no tiene poder sobre ellos, sino que serán sacerdotes de Dios y de Cristo, y reinarán con él mil años."*

DÍAS FELICES

Como venimos enseñando, el proyecto de Dios del Edén no fue abortado. Si bien fue trastocado por el enemigo, también es cierto que Dios no lo desechó, sino que, en los días finales, previo a la eternidad, tendremos la oportunidad de participar de ese período de 1000 años todos los que un día le dijeron sí a Dios. Un grupo reducido de cristianos participarán de las bodas del Cordero, pero todos los que se entregaron de corazón antes o después de los días de tribulación participarán de ese período de justicia y paz, como aquellos que sobrevivan los días de tribulación.

El profeta Isaías tuvo una visión de esta realidad y unos 700 años antes de Jesús dejó plasmado en un rollo esta verdad, al decir: *"Presten atención, que estoy por crear un cielo nuevo y una tierra nueva. No volverán a mencionarse las cosas pasadas, ni se traerán a la memoria.* [18] *Alégrense más bien, y regocíjense por siempre, por lo que estoy a punto de crear: Estoy por crear una Jerusalén feliz, un pueblo lleno de alegría.* [19] *Me regocijaré por Jerusalén y me alegraré en mi pueblo; no volverán a oírse en ella voces de llanto ni gritos de clamor.* [20] *Nunca más habrá en ella niños que vivan pocos días, ni ancianos que no completen sus años. El que muera a los cien años será considerado joven; pero el que no llegue a esa edad será considerado maldito.* [21] *Construirán casas y las habitarán; plantarán viñas y comerán de su fruto.* [22] *Ya no construirán casas para que otros las habiten, ni plantarán viñas para que otros coman. Porque los días de mi pueblo serán como los de un árbol; mis escogidos disfrutarán de las obras de sus manos.* [23] *No trabajarán en vano, ni tendrán hijos para la desgracia; tanto ellos como su descendencia serán simiente bendecida del Señor.* [24] *Antes que me llamen, yo les responderé; todavía estarán hablando cuando ya los habré escuchado.* [25] *El lobo y el cordero pacerán juntos; el león comerá paja como el buey, y la serpiente se alimentará de polvo. En todo mi monte santo no habrá quien haga daño ni destruya, dice el Señor."*

LA RESURRECCIÓN DETERMINANTE

Luego, más adelante veremos específicamente en que consiste y cómo será la vida durante ese milenio.

Hay distintos momentos para la primera resurrección

Lo que me encanta de Dios es su concepto de justicia y su lógica entre otras cosas. Pablo en 1 Corintios 15:20-23 nos habla de esta secuencia, al decir:

"Lo cierto es que Cristo ha sido levantado de entre los muertos, como primicias de los que murieron. ^{21} De hecho, ya que la muerte vino por medio de un hombre, también por medio de un hombre viene la resurrección de los muertos. ^{22} Pues así como en Adán todos mueren, también en Cristo todos volverán a vivir, ^{23} pero cada uno en su debido orden: Cristo, las primicias; después, cuando él venga, los que le pertenecen."

Pablo establece un orden en el proceso de resurrección.

    a. Cristo
    b. Primicias
    c. Cristianos de todos los tiempos

Jesús es el que encabeza el proceso de esta primera resurrección. El primer día de la semana, después de estar 3 días en el sepulcro, esa piedra se corrió y Él resucitó.

Las primicias son aquellas personas que resucitaron cuando Jesús murió y días posteriores a la resurrección de Jesús entraron a Jerusalén. Mateo 27:51-53 registra lo siguiente:

DÍAS FELICES

"En ese momento la cortina del santuario del templo se rasgó en dos, de arriba abajo. La tierra tembló y se partieron las rocas. ^{52} Se abrieron los sepulcros, y muchos santos que habían muerto resucitaron. ^{53} Salieron de los sepulcros y, después de la resurrección de Jesús, entraron en la ciudad santa y se aparecieron a muchos."

Cuando Pablo habla de primicias tiene en mente una de las fiestas de los Israelitas. La fiesta de la cosecha o de acción de gracias tenía un proceso de tres partes. Cuando el fruto comenzaba a madurar, el agricultor tomaba esas primicias, esos primeros frutos y se los llevaba al sacerdote, quien lo ofrecía a Dios. Cincuenta días después venía la fiesta de la cosecha gruesa y semanas más tarde una cosecha más pequeña.

Lo que el Espíritu Santo está diciéndonos por medio de Pablo y de esta festividad, es justamente esos tres momentos para aquellos que participaremos de la primera resurrección. Dos de esos momentos ya pasaron, Jesús ya resucitó y las primicias también resucitaron. Lo que ahora resta es la gran cosecha final o la resurrección de los justos y de los injustos.

Nadie puede negar ni impedir que la resurrección ocurra, lo que si podemos determinar en esta vida es si participaremos de la primera resurrección o de la segunda. La Palabra de Dios nos dice: *"Porque tanto amó Dios al mundo que dio a su Hijo unigénito, para que todo el que cree en él no se pierda, sino que tenga vida eterna."*

Dios no quiere que nadie se pierda. Nosotros teníamos una seria deuda con Él, sin embargo, Jesús decidió cancelar esa deuda a nuestro favor allí en la cruz y ahora nos deja la pelota en nuestra cancha. Si reconocemos que pecamos, si aceptamos el perdón de

LA RESURRECCIÓN DETERMINANTE

Dios y nos ponemos bajo el señorío de Jesús, Él nos promete que tendremos vida eterna. Pero si rechazamos la oferta de Dios, lo que nos resta es participar de la segunda resurrección, enfrentar el juicio e irnos definitiva y eternamente al lago de sufrimiento.

Werner Kniesel, en su libro Apocalipsis dice: *"Jesús no quiere ser admirado. Lo que Él desea es que nosotros aceptemos su señorío y su autoridad sobre nosotros."*

Hay personas que desean el cambio, pero el pecado de la procrastinación hace que siempre lo dejen para mañana. Deberíamos preguntarnos ¿qué pasaría con nuestra vida si hoy tendríamos que enfrentar el juicio? ¿Participaríamos de la primera resurrección o de la segunda? Hoy Dios te dice: *"Si escuchas la voz de Dios no dejes para mañana porque hoy es el día de salvación que yo te ofrezco."*

8

LOS DÍAS GLORIOSOS DEL MILENIO

Transcurría el 28 de agosto de 1963 delante del monumento a Abraham Lincoln en Washington, DC, durante una histórica manifestación de más de 200,000 en pro de los derechos civiles para los negros en los EE.UU cuando el pastor Martin Luther King pronunció su famoso discurso titulado: tengo un sueño.

En la conclusión del mismo, entre otras cosas él dijo:

"Hoy les digo a ustedes, amigos míos, que, a pesar de las dificultades del momento, yo aún tengo un sueño. Es un sueño profundamente arraigado en el sueño "americano".

Sueño que un día esta nación se levantará y vivirá el verdadero significado de su credo: "Afirmamos que estas verdades son evidentes: que todos los hombres son creados iguales".

DÍAS FELICES

Sueño que un día, en las rojas colinas de Georgia, los hijos de los antiguos esclavos y los hijos de los antiguos dueños de esclavos, se puedan sentar juntos a la mesa de la hermandad.

Sueño que un día, incluso el estado de Misisipí, un estado que se sofoca con el calor de la injusticia y de la opresión, se convertirá en un oasis de libertad y justicia.

Sueño que mis cuatro hijos vivirán un día en un país en el cual no serán juzgados por el color de su piel, sino por los rasgos de su personalidad.

¡Hoy tengo un sueño!

Sueño que un día, el estado de Alabama cuyo gobernador escupe frases de interposición entre las razas y anulación de los negros, se convierta en un sitio donde los niños y niñas negras, puedan unir sus manos con las de los niños y niñas blancas y caminar unidos, como hermanos y hermanas.

¡Hoy tengo un sueño!

Sueño que algún día los valles serán cumbres, y las colinas y montañas serán llanos, los sitios más escarpados serán nivelados y los torcidos serán enderezados, y la gloria de Dios será revelada, y se unirá todo el género humano. Esta es nuestra esperanza."

Todos los seres humanos albergamos, en algún rincón de nuestro corazón, la esperanza de un mundo mejor. Las reminiscencias de aquellos días de gloria en el Edén, donde Dios se paseaba y todo era belleza, pureza y armonía; están sellados con fuego en nuestros corazones.

LOS DÍAS GLORIOSOS DEL MILENIO

Es por esa razón que muchos trabajamos, nos esforzamos, servimos a otros y amamos a Dios. Desde tiempos inmemoriales el hombre ha deseado establecer un reino de paz sobre la tierra. Cuando Adán y Eva desobedecieron a Dios hubo un quiebre o una enemistad en cuatro áreas fundamentales del hombre. A partir de ese día:

1. Hubo enemistad entre el hombre y la mujer. La mujer que me diste me dio de comer

2. Hubo enemistad entre el hombre y la naturaleza. La serpiente que era uno de los animales más bellos se transformó en un reptil, enemigo del ser humano.

3. Hubo enemistad entre el hombre y Dios. El hombre a partir de ese día comenzó a esconderse de Dios.

4. Hubo enemistad entre el hombre y sí mismo. Se dieron cuenta que estaban desnudos y sintieron vergüenza.

A partir de esa ruptura la humanidad intentó por todos los medios lograr la paz en estás cuatro áreas, pero el pecado y el enemigo han profundizado ese mal. Ahora el hombre no solo acusa a la mujer, sino que hay rivalidades, peleas, violencia y muerte.

Ahora el animal no solo se esconde del hombre, sino que este ha dañado la naturaleza. Según el congreso mundial de parques del 2014, hay más de 22.000 especies en extinción.

El hombre hoy día no solo que se esconde de Dios, sino que abiertamente se declara enemigo de Él y se suma al proyecto de destrucción.

DÍAS FELICES

El ser humano hoy día no solo que ya no siente vergüenza, sino que llama bueno a lo que es malo, y malo a lo que es bueno. Los valores han sido trastocados.

Pero no todo está perdido. La Biblia nos da una luz de esperanza. El Apocalipsis termina con un capítulo de buenas noticias. Lo que nadie pudo lograr por más sueños que haya tenido, por más dinero o cintura diplomática que haya desarrollado, Jesús lo logrará cuando regrese con su iglesia e instaure su reino milenial.

Apocalipsis 20:6-15 nos dice lo siguiente:

"Dichosos y santos los que tienen parte en la primera resurrección. La segunda muerte no tiene poder sobre ellos, sino que serán sacerdotes de Dios y de Cristo, y reinarán con él mil años. [7] Cuando se cumplan los mil años, Satanás será liberado de su prisión, [8] y saldrá para engañar a las naciones que están en los cuatro ángulos de la tierra —a Gog y a Magog—, a fin de reunirlas para la batalla. Su número será como el de las arenas del mar. [9] Marcharán a lo largo y a lo ancho de la tierra, y rodearán el campamento del pueblo de Dios, la ciudad que él ama. Pero caerá fuego del cielo y los consumirá por completo. [10] El diablo, que los había engañado, será arrojado al lago de fuego y azufre, donde también habrán sido arrojados la bestia y el falso profeta. Allí serán atormentados día y noche por los siglos de los siglos. [11] Luego vi un gran trono blanco y a alguien que estaba sentado en él. De su presencia huyeron la tierra y el cielo, sin dejar rastro alguno. [12] Vi también a los muertos, grandes y pequeños, de pie delante del trono. Se abrieron unos libros, y luego otro, que es el libro de la vida. Los muertos fueron juzgados según lo que habían hecho, conforme a lo que estaba escrito en los libros. [13] El mar devolvió sus muertos; la muerte y el infierno[a] devolvieron

LOS DÍAS GLORIOSOS DEL MILENIO

los suyos; y cada uno fue juzgado según lo que había hecho. ¹⁴ *La muerte y el infierno fueron arrojados al lago de fuego. Este lago de fuego es la muerte segunda.* ¹⁵ *Aquel cuyo nombre no estaba escrito en el libro de la vida era arrojado al lago de fuego."*

La Biblia es clara en decirnos que todos aquellos que amaron, sirvieron y creyeron en Jesús participarán de ese milenio y que todos aquellos que no creyeron en Jesús tendrán que enfrentar un juicio de condena.

Lo que el ser humano nunca tuvo que haber perdido y que luego Israel no tendría que haber canjeado, es aquello que en el tiempo del milenio la humanidad volverá a recuperar, un gobierno teocrático.

La autoridad máxima será Jesús y todos aquellos que participaron del banquete de bodas, los que estén en la lista de las cinco vírgenes prudentes, gobernarán la tierra. Jerusalén se convertirá en la capital de este período.

Previo a esto, como una estrategia de engaño, aparecerá el nuevo orden, un período breve en donde el anticristo gobernará el mundo, pero con mano de hierro y también hará de Jerusalén el centro, firmando un pacto de paz temporal con Israel para luego declararle la guerra e intentar aniquilarlo en lo que se conoce como la guerra del Armagedón.

El sueño y el anhelo de todos los que amaron y sirvieron a Dios en todos los tiempos se hará realidad. Serán tiempos gloriosos. La economía que colapsará durante este tiempo, bajo el gobierno de Jesús florecerá y crecerá a pasos agigantados. No habrá más

DÍAS FELICES

inflación. Nadie trabajará para que otros engorden con el sudor ajeno. Ya en el Antiguo Testamento tenemos algunos vestigios de este período.

Amos 9:13-15 *"Vienen días, afirma el Señor, en los cuales el que ara alcanzará al segador y el que pisa las uvas, al sembrador. Los montes destilarán vino dulce, el cual correrá por todas las colinas.* [14] *Restauraré a mi pueblo Israel; ellos reconstruirán las ciudades arruinadas y vivirán en ellas. Plantarán viñedos y beberán su vino; cultivarán huertos y comerán sus frutos.* [15] *Plantaré a Israel en su propia tierra, para que nunca más sea arrancado de la tierra que yo le di, dice el Señor tu Dios."*

Joel 3:18 *"En aquel día las montañas destilarán vino dulce, y de las colinas fluirá leche; correrá el agua por los arroyos de Judá. De la casa del Señor brotará una fuente que irrigará el valle de las Acacias."*

Isaías 35:1-2 *"Se alegrarán el desierto y el sequedal; se regocijará el desierto y florecerá como el azafrán.* [2] *Florecerá y se regocijará: ¡gritará de alegría! Se le dará la gloria del Líbano, y el esplendor del Carmelo y de Sarón. Ellos verán la gloria del Señor, el esplendor de nuestro Dios."*

Isaías 65:17-25 *"Presten atención, que estoy por crear un cielo nuevo y una tierra nueva. No volverán a mencionarse las cosas pasadas, ni se traerán a la memoria.* [18] *Alégrense más bien, y regocíjense por siempre, por lo que estoy a punto de crear: Estoy por crear una Jerusalén feliz, un pueblo lleno de alegría.* [19] *Me regocijaré por Jerusalén y me alegraré en mi pueblo; no volverán a oírse en ella voces de llanto ni gritos de clamor.* [20] *Nunca más habrá en ella niños que vivan pocos días, ni ancianos que no completen sus años. El que*

LOS DÍAS GLORIOSOS DEL MILENIO

muera a los cien años será considerado joven; pero el que no llegue a esa edad será considerado maldito. ²¹ Construirán casas y las habitarán; plantarán viñas y comerán de su fruto. ²² Ya no construirán casas para que otros las habiten, ni plantarán viñas para que otros coman. Porque los días de mi pueblo serán como los de un árbol; mis escogidos disfrutarán de las obras de sus manos. ²³ No trabajarán en vano, ni tendrán hijos para la desgracia; tanto ellos como su descendencia serán simiente bendecida del Señor. ²⁴ Antes que me llamen, yo les responderé; todavía estarán hablando cuando ya los habré escuchado. ²⁵ El lobo y el cordero pacerán juntos; el león comerá paja como el buey, y la serpiente se alimentará de polvo. En todo mi monte santo no habrá quien haga daño ni destruya, dice el Señor."

Cuando el enemigo, el que ha patrocinado por milenios, las muertes, las enfermedades, la pobreza, las guerras, etc. ya no esté y esté encarcelado durante esos 1000 años, viviremos sobre la tierra cosas que jamás nos hemos imaginado. La Biblia nos dice, entre otras cosas, que la gloria de Dios rebasará la tierra. Esa gloria afectará todos los estratos. El clima tendrá cambios sobresalientes. Todo lo que el hombre y el enemigo ha trastocado y dañado encontrará la redención.

Romanos 8:19-23 *"La creación aguarda con ansiedad la revelación de los hijos de Dios, ²⁰ porque fue sometida a la frustración. Esto no sucedió por su propia voluntad, sino por la del que así lo dispuso. Pero queda la firme esperanza ²¹ de que la creación misma ha de ser liberada de la corrupción que la esclaviza, para así alcanzar la gloriosa libertad de los hijos de Dios. ²² Sabemos que toda la creación todavía gime a una, como si tuviera dolores de parto. ²³ Y no solo ella, sino también nosotros mismos, que tenemos las primicias del Espíritu, gemimos interiormente, mientras aguardamos nuestra adopción como hijos, es decir, la redención de nuestro cuerpo."*

DÍAS FELICES

Isaías 11:6-9 *"El lobo vivirá con el cordero, el leopardo se echará con el cabrito, y juntos andarán el ternero y el cachorro de león, y un niño pequeño los guiará. ⁷ La vaca pastará con la osa, sus crías se echarán juntas, y el león comerá paja como el buey. ⁸ Jugará el niño de pecho junto a la cueva de la cobra, y el recién destetado meterá la mano en el nido de la víbora. ⁹ No harán ningún daño ni estrago en todo mi monte santo, porque rebosará la tierra con el conocimiento del Señor como rebosa el mar con las aguas."*

Isaías 2:2-5 *"En los últimos días, el monte de la casa del Señor será establecido como el más alto de los montes; se alzará por encima de las colinas, y hacia él confluirán todas las naciones. ³ Muchos pueblos vendrán y dirán: «¡Vengan, subamos al monte del Señor, a la casa del Dios de Jacob!, para que nos enseñe sus caminos y andemos por sus sendas». Porque de Sión saldrá la ley, de Jerusalén, la palabra del Señor. ⁴ Él juzgará entre las naciones y será árbitro de muchos pueblos. Convertirán sus espadas en arados y sus lanzas en hoces. No levantará espada nación contra nación, y nunca más se adiestrarán para la guerra. ⁵ ¡Ven, pueblo de Jacob, y caminemos a la luz del Señor!"*

De todas las profecías que hay en la Biblia, sobre el tópico que más abunda es acerca del reinado de Dios en la tierra. Este es el Reino que los discípulos esperaban y por el cual vez tras vez le hacían preguntas a Jesús.

Este es el Reino del cual el autor de la carta a los Hebreos, cuando habla de los héroes de la fe en el capítulo 11, dice que anduvieron por fe viendo esa ciudad que a los ojos humanos les era invisible.

La buena noticia es que Dios quiere hacernos partícipes de ese

LOS DÍAS GLORIOSOS DEL MILENIO

período de 1000 años sobre la tierra y luego de la eternidad. Además, es bueno recordarnos que Él pagó el precio de la entrada al mismo. La Biblia nos dice que Dios es fiel y justo en perdonar el pecado y limpiar de maldad de todos aquellos que en fe nos acercamos a Él.

La instauración de ese Reino es inminente, de modo que no dejes para mañana el compromiso que puedes asumir hoy con Dios.

Permite que el Espíritu Santo encienda tu corazón con el fuego de la pasión por Dios y transfórmate en un promotor no de una isla paradisíaca en el caribe, sino de un mundo que será totalmente cambiado donde volveremos a vivir una teocracia sin precedentes en la historia humana.

9

EL IRREVERSIBLE DICTAMEN FINAL

Hace varios años atrás fue acusado un sacerdote en nuestro país por pedofilia. En el mes de abril de 2017 se conoció la sentencia definitiva de la Corte Suprema sobre la culpabilidad de pedofilia del padre Grassi. Finalmente le dieron 15 años de presión.

Pero de acuerdo a las leyes argentinas, con el 2 X 1, buena conducta e influencias, quizás no esté más de dos años preso y termine saliendo libre, con otro nombre y posiblemente trasladado a otro país.

Durante este tiempo ha tenido más de 25 abogados. Alguien ha pagado todo esto. Sin duda alguna que hay otros culpables detrás de las bambolinas. Ya sus abogados están planeando una nueva apelación y ya le han contabilizado algo del tiempo que estuvo detrás de las rejas.

DÍAS FELICES

Los culpables de delitos en esta vida apelan muchísimas veces a los jueces, pero cuando estemos ante el trono de Dios no habrá apelación que valga.

En la cruz del calvario la justicia y la misericordia de Dios se besaron. Y por ende la gracia y la misericordia de Dios prevalecieron en estos casi 20 siglos, dándole oportunidades para que las personas se arrepientan y vuelvan de sus malos caminos a Dios. De hecho, Dios atrasa su plan de regreso para darle muchísimas oportunidades más a los pecadores.

Pero en el día del juicio final la justicia de Dios prevalecerá por encima de la misericordia y cuando la sentencia sea dictada no habrá vuelta atrás ni gracia que pueda librarles de la condena eterna.

Apocalipsis 20:6-15 nos dice lo siguiente:

"Dichosos y santos los que tienen parte en la primera resurrección. La segunda muerte no tiene poder sobre ellos, sino que serán sacerdotes de Dios y de Cristo, y reinarán con él mil años. [7] *Cuando se cumplan los mil años, Satanás será liberado de su prisión,* [8] *y saldrá para engañar a las naciones que están en los cuatro ángulos de la tierra —a Gog y a Magog—, a fin de reunirlas para la batalla. Su número será como el de las arenas del mar.* [9] *Marcharán a lo largo y a lo ancho de la tierra, y rodearán el campamento del pueblo de Dios, la ciudad que él ama. Pero caerá fuego del cielo y los consumirá por completo.* [10] *El diablo, que los había engañado, será arrojado al lago de fuego y azufre, donde también habrán sido arrojados la bestia y el falso profeta. Allí serán atormentados día y noche por los siglos de los siglos.* [11] *Luego vi un gran trono blanco y a alguien que estaba sentado en él. De su presencia huyeron la tierra y el cie-*

EL IRREVERSIBLE DICTAMEN FINAL

lo, sin dejar rastro alguno. *¹² Vi también a los muertos, grandes y pequeños, de pie delante del trono. Se abrieron unos libros, y luego otro, que es el libro de la vida. Los muertos fueron juzgados según lo que habían hecho, conforme a lo que estaba escrito en los libros. ¹³ El mar devolvió sus muertos; la muerte y el infierno devolvieron los suyos; y cada uno fue juzgado según lo que había hecho. ¹⁴ La muerte y el infierno fueron arrojados al lago de fuego. Este lago de fuego es la muerte segunda. ¹⁵ Aquel cuyo nombre no estaba escrito en el libro de la vida era arrojado al lago de fuego."*

Leonard Ravenhill, en uno de sus libros dice: *"Tenemos una iglesia fría en un mundo frio porque los cristianos están fríos"* y agrega: *"¿Será factible pensar que en el día del juicio final las personas que estén siendo condenadas puedan mirar a los cristianos y decirles: Si ustedes hubiesen tenido el fuego del Espíritu Santo, posiblemente yo no me estaría yendo al fuego del infierno?"*

En la porción leída de Apocalipsis Juan comienza diciendo que son dichosos o felices los que participan de la primera resurrección, la que garantiza nuestra salvación y nuestra participación de los mil años de justicia, paz y equidad. De modo que necesitamos asegurarnos de participar de esa primera resurrección.

Cuando pensamos en el arrebatamiento, si no participamos en el primero, podemos aún ser salvos luego en la tribulación, pero con la resurrección no se da esa posibilidad.

Juan, cuando escribe su primera carta, dice que una de las razones por las que se escribió la Biblia es para que sepamos que tenemos vida eterna (1 Juan 5:13). Si nos aferramos a la promesa de Jesús, de creer en Él y vivir acorde a sus parámetros, entonces podemos

DÍAS FELICES

estar seguros que si morimos antes de que Jesús venga, participaremos de la primera resurrección. De lo contrario, participaremos en la segunda resurrección, pero esta ya no tendrá oportunidades de salvación.

Juan dice que mientras él estaba mirando, vio algo sorprendente. Cuando los muertos de la segunda resurrección volvieron a la vida, el vio a Dios sentándose en un gran trono y que unos libros fueron abiertos. Estaba el libro de la Vida y también había otros libros.

Los que participamos de la primera resurrección, nuestros nombres estarán registrados en el libro de la Vida, pero los que participarán de la segunda resurrección, sus nombres y obras estarán registrados en estos otros libros.

Lo primero que nos dice esto es que Dios toma nota de todo lo que hacemos. El texto leído nos dice claramente que estas personas de la segunda resurrección serán juzgadas de acuerdo a lo que esté escrito en ese libro, es decir de acuerdo a cómo hayan vivido su vida. Ya no será un juicio de salvación o condenación. Todos los que se presenten ante este juicio serán condenados irreversiblemente y ya no habrá apelación que valga.

Pablo dice que los cristianos también pasaremos por un juicio y que seremos recompensados según hayamos vivido la vida cristiana. Algunos recibirán muchas coronas, otros menos y otros nada. Nunca debemos olvidar que el Dios en quien hemos creído es un Dios justo y, por lo tanto, aún a los injustos los tratará con justicia y cada uno recibirá un castigo diferente. Por lo tanto, no olvidemos que Dios toma nota de lo que hacemos o dejamos de hacer.

EL IRREVERSIBLE DICTAMEN FINAL

La buena noticia es que los cristianos no debemos temer por este juicio. Si bien es verdad que Dios va anotando nuestras malas acciones, también es cierto que el día en que conocimos a Jesús, Dios toma ese libro y lo destroza, borra nuestros pecados, los sumerge al fondo del mar y nunca más se acuerda de ellos. Y a partir de ese momento, nuestros nombres son registrados en el libro de la Vida, comenzando una nueva vida con nuestra deuda saldada ante Dios.

Esta verdad es la que está escondida detrás de la enseñanza de Jesús. En un momento sus discípulos regresaron contentos porque pudieron sanar, pudieron predicar y orar por los oprimidos y estos ser libres. Cuando Jesús escucha este relato con alegría por parte de ellos, les dice: *"No se alegren tanto porque tienen autoridad sobre el enemigo, alégrense más bien porque sus nombres están escritos en el libro de la Vida."*

Por eso es peligroso cuando nosotros los cristianos corremos detrás de los dones y dejamos a un lado el carácter de Jesús. La unción sin carácter puede matar al ungido. Los dones son un regalo que lo recibimos acorde a la gracia que el Espíritu Santo nos da. Y aún más, hay un misterio donde se me permite usar los dones sin ser de Dios.

Leamos Mateo 7:21-23 *"No todo el que me dice: "Señor, Señor", entrará en el reino de los cielos, sino solo el que hace la voluntad de mi Padre que está en el cielo.* [22] *Muchos me dirán en aquel día: "Señor, Señor, ¿no profetizamos en tu nombre, y en tu nombre expulsamos demonios e hicimos muchos milagros?"* [23] *Entonces les diré claramente: "Jamás los conocí. ¡Aléjense de mí, hacedores de maldad!"*

DÍAS FELICES

Pero el carácter es el resultado de una vida procesada, de una vida probada, de una vida que pasó por el crisol y que fue depurada de sus pecados, hasta el punto en que el artesano, al mirar allí dentro, ve en nosotros el rostro de Su Hijo Jesús.

Lo bueno de todo esto es que nosotros podemos estar seguros de que nuestros nombres están escritos en el libro de la Vida. Pablo dice que el Espíritu Santo da testimonio a nuestro espíritu de que somos hijos de Dios.

Hay una seguridad en lo más profundo de nuestro ser que el Espíritu Santo imprime, lo cual nos da una confianza y una certeza plena de que sin importar lo que nos pueda pasar, nuestra vida está escondida en Dios.

La pregunta que alguno se puede hacer es: ¿y hasta cuando las personas condenadas deberán estar en el lago de fuego? La respuesta es: La misma cantidad de tiempo en que los cristianos estaremos en el cielo. Es decir, toda una eternidad.

Por eso es importante recordarnos que Jesús vino a este mundo para salvar a la humanidad de ese destino eterno lejos de Dios. De tal manera Dios nos ha amado que dio lo mejor que tenía, que es su Hijo, para que todo aquel que en Él cree tenga vida eterna.

Muchas veces corremos detrás de lo urgente, pero perdemos de vista lo importante. No permitamos que la urgencia del trabajo, de los estudios, del dinero y tantas otras cosas nos desenfoquen de lo más importante que es asegurar nuestra eternidad con Cristo. Busquemos primero el Reino de Dios y lo demás se nos será añadido (Mateo 6:33).

EL IRREVERSIBLE DICTAMEN FINAL

Jesús le decía a sus discípulos que la vida no consistía en los bienes que podemos acumular, sino en que tengamos tesoros en los cielos en donde nada corrompe y los ladrones no puedan aprovecharse.

La Biblia es clara en decir que la naturaleza del ser humano está corrompida y que por eso necesita de un salvador.

La Biblia es clara en decir que habrá dos resurrecciones y que al participar de la primera disfrutaremos del milenio.

Pero la Biblia también es clara en decir que un día el gran trono será levantado y que el Rey del universo se sentará allí para juzgar a los vivos y a los muertos.

Y cuando ese Rey abra los libros y por causa de la vida que llevaron las personas y por no haber reconocido a Jesús, declarará la sentencia "sos culpable." Cuando eso suceda no habrá apelación que valga. El autor de la carta a los Hebreos dice claramente que después de la muerte está el juicio.

Juan 1:6 dice: *"Hubo un hombre enviado de Dios, el cual se llamaba Juan"* El desafío más grande es que cada uno de nosotros podamos escribir nuestro nombre al final de este versículo. Cuando nosotros ya no estemos, quiera Dios que nuestros allegados puedan decir: *"Hubo un hombre o una mujer enviada por Dios, el/la cual se llamaba Pablo, Laura o Néstor."*

Somos llamados a ser una voz de alerta para los que hoy están lejos de Dios y para vivir apegados al Maestro. El Señor nos desafía hoy a ponernos en la brecha e interceder por los que están perdidos.

DÍAS FELICES

El profeta Ezequiel nos dice que en un momento Dios buscó a una persona que hiciera vallado y que se pusiese en la brecha delante de él, a favor de la tierra, para que Él no la destruyese; pero el dolor más grande de Dios fue que no halló a esa persona y por ende tuvo que enviar al exilio a Israel.

¿Estarás tu dispuesto a ponerte en la brecha para que la salvación de Dios alcance a los perdidos?

10

CIELOS NUEVOS Y TIERRA NUEVA

Cada uno de nosotros, cuando miramos alguna película de buenos y malos, guardamos en nuestros corazones la esperanza de que al final los buenos ganarán y los malos serán juzgados o muertos. Cuando eso no ocurre y la película termina con los malos venciendo a los buenos, nos deja un sabor amargo en nuestra boca y un sentimiento de que no hubo justicia.

Cuando de la vida real se trata, la Biblia nos dice que el último capítulo de la historia no es un capítulo de muerte, de pérdida o de derrota. El último capítulo se trata de un capítulo de victoria. Los justos venciendo a los injustos. Los justos siendo recompensados y los injustos siendo castigados.

La desobediencia de Adán y Eva no solo abrió la puerta a la muerte de la raza humana, sino que todo el planeta tuvo que sufrir las

DÍAS FELICES

consecuencias de dicho pecado. Solamente tenemos que mirar un poco a nuestro alrededor para saber que este planeta está sufriendo dolores de parto y que a gritos está pidiendo que los hijos de Dios se revelen.

Con la venida de Jesús al mundo y su muerte redentora en la cruz, Dios comenzó el proceso de restauración de la relación del ser humano con Él. Pero ese proceso de restauración no solo desemboca en una salvación y una eternidad junto a Dios, sino que también afecta a todo el universo.

La buena noticia es que la Biblia nos habla de cielos nuevos y de tierra nueva. Este cielo nuevo no hace referencia al lugar donde Dios habita, sino al cielo que rodea la tierra. Es decir, este planeta en el que vivimos será cambiado.

Isaías 65:17 *"Porque he aquí que yo crearé nuevos cielos y nueva tierra. De lo pasado no habrá memoria ni vendrá al pensamiento."*

2 Pedro 3:13 *"Pero nosotros esperamos, según sus promesas, cielos nuevos y tierra nueva, en los cuales mora la justicia."*

Si nosotros tuviéramos la capacidad de ver en retrospectiva y adentrarnos en el Edén, veríamos que lo que Adán y Eva tuvieron fue infinitamente más lindo y mejor de lo que nosotros hemos conocido.

Podemos alegrarnos al ver las montañas, los lagos, las cataratas y los glaciares y reconocer la grandeza de Dios y la maravilla de su creación. Sin embargo, cabe recordarnos que los cielos nuevos y la tierra nueva, los cuales Juan dice que vio, son también infinitamente mejores de lo que nosotros hoy conocemos.

CIELOS NUEVOS Y TIERRA NUEVA

Por esa razón Jesús les decía a sus discípulos y nos dice a nosotros hoy, que no nos aferremos a las cosas de este mundo, porque todo esto no solo es pasajero, sino que es inferior a lo que nosotros veremos dentro de un tiempo no muy lejano. En otras palabras, no te aferres a tu Fiat 600, si Dios tiene preparado para vos un Audi A4 0 Km.

Para nosotros es difícil pensar o imaginar ese nuevo cielo y esa nueva tierra, ya que nuestra imaginación también ha sido dañada por el pecado. Lo que la Biblia nos da son indicios de cosas que no van a haber, que representa a ese nuevo período de la historia.

No habrá clamor

Las largas horas de clamor, de entrega, de renuncia, de promesas, de almas desgarradas; pasarán a la historia. El silencio de Dios desaparecerá, porque Dios morará con sus hijos. Antes que abramos nuestra boca Él nos responderá.

No habrá dolor

Las consecuencias del pecado en enfermedades, violencia y cualquier manifestación de dolor habrán desaparecido. Y lo bueno es que nunca más los volveremos a sentirlo.

No habrá muerte

El que tenía el dominio de la muerte será vencido, enjuiciado y encadenado. Por lo tanto, la muerte ya no se enseñoreará de nosotros. Atrás habrán quedado los funerales y las despedidas de seres queridos y esos sentimientos de abandono que muchas veces

DÍAS FELICES

nos atrapa ante la partida de alguien que amábamos. Nunca más habrá una despedida.

No habrá llanto

Por primera vez nuestros ojos no derramarán lágrimas ni de dolor, ni de tristeza, de amargura o de desesperación. El eterno e infinito pañuelo de Dios secará toda lágrima de los ojos de sus hijos. Atrás habrán quedado las largas noches de llanto, ya sean con sollozos o en silencio.

No habrá mar

Los mares representan divisiones, tormentas, problemas, inseguridad y un sin fin de cosas más. Eso ya no existirá. La paz reinará por primera vez en un mundo que ha sido largamente golpeado por los conflictos, por las discordias y las guerras.

En la medida en que nosotros aprendemos a confiar más en Dios, todas estas cosas que pertenecen a este mundo tienen un menor grado de impacto. A mayor confianza, menor es la preocupación. Cuando nosotros nos preocupamos demasiado por el ayer, por el hoy o por el mañana, es porque no hemos conocido en profundidad a Dios, quien perdona nuestro pecado, nos acompaña en el presente y nos asegura un futuro promisorio.

La promesa de Dios es que en este cielo nuevo y en esta tierra nueva Él morará con los redimidos. Ya no habrá reuniones especiales de vigilia, de ayuno o de oración. No habrá noches de espera a que Dios nos hable o nos dé una señal o una guía para alguna decisión que tengamos que tomar. Ahora, Dios estará al alcance de sus hijos, él morará con los redimidos.

CIELOS NUEVOS Y TIERRA NUEVA

Las palabras proféticas en la Biblia, si bien están traducidas en un verbo futuro, en el original el verbo también es un presente, es decir algo que Dios ya da por hecho.

Por eso en el vs. 6 Juan escribe algo que Dios le dijo: *"Hecho está."* Tan cierto como cada mañana el sol se eleva en el horizonte y luego de unas 12 horas cae la noche, del mismo modo este cielo y esta tierra nueva sucederán. Así como cada noche nos acostamos con la esperanza de despertar a la mañana siguiente, del mismo modo nuestra esperanza y convicción por esta verdad debe mantenernos en pie.

El autor de Hebreos dice en el capítulo 11:1 que *"la fe es la certeza de lo que se espera y la convicción de lo que no se ve."* Que esta convicción, que esta certeza marque nuestras vidas y nos ayude a tomar las decisiones correctas para no quedar fuera de esta verdad.

Quizás alguno puede decirme: ¿Y que si todo esto es mentira? Pues bien, si al final todo esto es mentira yo no habré perdido mucho, pero si al final todo esto es verdad, entonces los que habrán perdido son aquellos que no creyeron y ya no habrá oportunidad para volver la película hacia atrás.

La invitación a participar de esa experiencia extraordinaria y eterna es para todos los seres humanos, pero sólo los que en él confían podrán hacerlo.

En los vss. 6-7 Dios hace la invitación diciendo: *"Al que tuviere sed, yo le daré gratuitamente de la fuente del agua de la vida. El que venciere heredará todas las cosas, y yo seré su Dios, y él será mi hijo".*

DÍAS FELICES

La invitación es reiterada en los evangelios. Cuando Jesús habló con la mujer samaritana, le dijo en Juan 4:13-14 *"Cualquiera que beba de esta agua volverá a tener sed;* ¹⁴ *pero el que beba del agua que yo le daré no tendrá sed jamás, sino que el agua que yo le daré será en él una fuente de agua que salte para vida eterna."*

Todos manifestamos de una u otra manera que nuestra alma está sedienta. Si esto no fuera así la sociedad de consumismo hubiese fracasado. ¿Por qué tuvo éxito? Porque todos cargamos con un vacío que sólo Dios puede llenar, pero que el enemigo nos hizo creer que lo podemos llenar con otras cosas, como ser pareja, trabajo, casa, dinero o viajes.

Jesús conocía esta realidad del ser humano, por eso le extendía esta promesa a esta mujer de Samaria y una y otra vez les recordaba a sus seguidores que les estaba preparando un lugar en la eternidad. En Juan 14:2-3 les dice: *"En la casa de mi Padre muchas moradas hay; si así no fuera, yo os lo hubiera dicho; voy, pues, a preparar lugar para vosotros.* ³ *Y si me voy y os preparo lugar, vendré otra vez y os tomaré a mí mismo, para que donde yo esté, vosotros también estéis."*

Es verdad que nos cuesta creer e imaginar lo que Dios nos promete. Pablo ya decía, al escribir a la iglesia de Corinto: *"Cosas que ojo no vio ni oído oyó ni han subido al corazón del hombre, son las que Dios ha preparado para los que lo aman."* Pero lo cierto es que esto sucederá.

Y mientras estamos a la espera de nuestra redención, Dios nos ha hecho partícipes de su plan de salvación. Muchas veces nos

CIELOS NUEVOS Y TIERRA NUEVA

quedamos como paralizados con nuestra experiencia con Dios y nos olvidamos que hay muchos otros que necesitan recibir esta invitación.

Cuando Jesús estaba ascendiendo allí en el monte de Galilea, los discípulos se quedaron atónitos mirando al cielo. Es como que habían aceptado el desafío de la estatua. Dos ángeles se les aparecieron y les dijeron: *"Galileos, ¿por qué estáis mirando al cielo? Este mismo Jesús, que ha sido tomado de vosotros al cielo, así vendrá como lo habéis visto ir al cielo."*

En otras palabras, les dijeron: *"No se queden aquí mirando, vayan a Jerusalén, esperen la promesa recibida y luego salgan a compartir las buenas noticias, lleven esta invitación a todos los que quieran recibirla, porque así como hoy se fue un día regresará a buscar a los suyos."*

El fin de ser salvos no es congregarnos semanalmente o ser discipulados. La oración, el discipulado, el congregarnos no es un fin en sí mismo, sino un medio para ser sanados, capacitados y entrenados para luego ser enviados.

Afuera hay un mundo que se pierde, que no participará de esos cielos y de esa tierra nueva, sino que serán lanzados al lago de azufre y fuego donde el dolor y la desesperación serán eternas. Dejemos de mirar al cielo y vayamos a hacer lo que Dios espera que hagamos, y mientras lo hacemos, miremos al cielo de donde nuestra redención pronto viene.

11

LA NUEVA CIUDAD

Hay un viejo refrán que dice: *"El que se casa, casa quiere."* Sin duda alguna que es una de las mejores decisiones, que va acorde al mandato de Dios de dejar padre y madre, unirse a la mujer o al hombre que escogemos y llegar a ser una sola carne.

Usando el paralelismo del matrimonio, Jesús llama a su iglesia, su novia. Luego del banquete de bodas la llama esposa. Estos dos términos se intercalan en el texto bíblico una y otra vez. Lo cierto es que la suma de los redimidos, los que confiaron y amaron a Jesús, luego del milenio pasaran la eternidad con Dios.

Cuando Jesús anduvo con sus discípulos por las calles de Israel, además de las enseñanzas, milagros y señales que hizo con el pueblo en general, Él compartió varias promesas con sus discípulos en el círculo más íntimo.

DÍAS FELICES

Les anticipó durante su última cena que uno de ellos lo traicionaría, que otro le negaría tres veces en una misma noche y que todos lo abandonarían, y a las pocas horas eso se cumplió.

Les dijo que luego de su muerte y ascensión les enviaría el Espíritu Santo y así sucedió 10 días después de que partiera al cielo.

Les prometió que durante la generación de ellos Jerusalén iba a ser destruida, y así sucedió en el año 70 con la invasión de los romanos bajo el reinado del emperador Tito.

Les anticipó que serían perseguidos y eso ocurrió después de unos 10 años del nacimiento de la iglesia.

Podríamos seguir nombrando otras cosas que se cumplieron, pero el punto que quiero rescatar es el siguiente: Si las cosas que Jesús dijo que ocurrirían en un tiempo cercano a su partida se cumplieron, ¿no son razones suficientes para creer que las cosas relacionadas a los últimos tiempos también se cumplirán?

En relación a los últimos tiempos el prometió que los cristianos comprometidos, representados en las cinco vírgenes prudentes, serán arrebatados antes del desenlace final de la historia.

El prometió que ese grupo de cristianos comprometidos participarán de un gran banquete y que allí recibirán sus coronas.

El prometió que vendría un falso cristo o el anticristo para engañar a la humanidad en general y en especial al pueblo escogido.

El anticipó que habrán mil años de justicia, paz y equidad en la

LA NUEVA CIUDAD

tierra. Prometió que los justos serán recompensados y que los injustos serán castigados.

Él prometió que la falsa religión finalmente será destruida y que el imperio económico mundial colapsará. Él prometió que, en la guerra final, Él, con los santos redimidos, ganará la batalla del Armagedón.

Él prometió que vendrán cielos nuevos y tierra nueva. Es decir que habló de una recreación de las cosas visibles.

También les prometió que sería nuestro abogado y que nos defendería ante el Padre de las acusaciones que el enemigo de nuestras almas hace día y noche.

En un momento de mucha angustia y ansiedad por parte de sus discípulos, además de prometerles al Consolador, les dijo que Él se iría y que prepararía un lugar y que luego nos vendría a buscar para que siempre estemos en donde Él está.

Juan, cuando tuvo la visión del Apocalipsis allí en la isla de Patmos, vio todo esto y lo último que vio fue la nueva Jerusalén, la ciudad de Dios, descendiendo del cielo y estableciéndose en la tierra.

Observemos el detalle progresivo. Cuando el mundo comienza, este tiene un inicio rural, campestre. Adán y Eva en medio del Edén, entre plantas y animales. Pero el final de la historia termina en un contexto urbano, la humanidad redimida viviendo en una gran ciudad.

DÍAS FELICES

Apocalipsis 21:9-22:5 nos dice lo siguiente:

"Se acercó uno de los siete ángeles que tenían las siete copas llenas con las últimas siete plagas. Me habló así: Ven, que te voy a presentar a la novia, la esposa del Cordero. [10] Me llevó en el Espíritu a una montaña grande y elevada, y me mostró la ciudad santa, Jerusalén, que bajaba del cielo, procedente de Dios. [11] Resplandecía con la gloria de Dios, y su brillo era como el de una piedra preciosa, semejante a una piedra de jaspe transparente. [12] Tenía una muralla grande y alta, y doce puertas custodiadas por doce ángeles, en las que estaban escritos los nombres de las doce tribus de Israel. [13] Tres puertas daban al este, tres al norte, tres al sur y tres al oeste. [14] La muralla de la ciudad tenía doce cimientos, en los que estaban los nombres de los doce apóstoles del Cordero. [15] El ángel que hablaba conmigo llevaba una caña de oro para medir la ciudad, sus puertas y su muralla. [16] La ciudad era cuadrada; medía lo mismo de largo que de ancho. El ángel midió la ciudad con la caña, y tenía dos mil doscientos kilómetros: su longitud, su anchura y su altura eran iguales. [17] Midió también la muralla, y tenía sesenta y cinco metros, según las medidas humanas que el ángel empleaba. [18] La muralla estaba hecha de jaspe, y la ciudad era de oro puro, semejante a cristal pulido. [19] Los cimientos de la muralla de la ciudad estaban decorados con toda clase de piedras preciosas: el primero con jaspe, el segundo con zafiro, el tercero con ágata, el cuarto con esmeralda, [20] el quinto con ónice, el sexto con cornalina, el séptimo con crisólito, el octavo con berilo, el noveno con topacio, el décimo con crisoprasa, el undécimo con jacinto y el duodécimo con amatista. [21] Las doce puertas eran doce perlas, y cada puerta estaba hecha de una sola perla. La calle principal de la ciudad era de oro puro, como cristal transparente. [22] No vi ningún templo en la ciudad, porque el Señor Dios Todopoderoso

LA NUEVA CIUDAD

y el Cordero son su templo. ^{23} La ciudad no necesita ni sol ni luna que la alumbren, porque la gloria de Dios la ilumina, y el Cordero es su lumbrera. ^{24} Las naciones caminarán a la luz de la ciudad, y los reyes de la tierra le entregarán sus espléndidas riquezas. ^{25} Sus puertas estarán abiertas todo el día, pues allí no habrá noche. ^{26} Y llevarán a ella todas las riquezas y el honor de las naciones. ^{27} Nunca entrará en ella nada impuro, ni los idólatras ni los farsantes, sino solo aquellos que tienen su nombre escrito en el libro de la vida, el libro del Cordero."

22. "Luego el ángel me mostró un río de agua de vida, claro como el cristal, que salía del trono de Dios y del Cordero, ^{2} y corría por el centro de la calle principal de la ciudad. A cada lado del río estaba el árbol de la vida, que produce doce cosechas al año, una por mes; y las hojas del árbol son para la salud de las naciones. ^{3} Ya no habrá maldición. El trono de Dios y del Cordero estará en la ciudad. Sus siervos lo adorarán; ^{4} lo verán cara a cara, y llevarán su nombre en la frente. ^{5} Ya no habrá noche; no necesitarán luz de lámpara ni de sol, porque el Señor Dios los alumbrará. Y reinarán por los siglos de los siglos."

Al leer esto suena como una película de hadas, pero la realidad es que esto también es verdad y también se cumplirá, así como se cumplieron las promesas inmediatas a la partida de Jesús.

En esta ciudad habitarán los hijos e hijas de Dios de todas las generaciones. Todos aquellos que amamos a Dios, que entregamos nuestra vida a Jesús y le servimos con paciencia y perseverancia, estaremos allí.

Si recorremos un poco el mundo, descubriremos que hay muchas ciudades hermosas, con construcciones y arquitecturas

DÍAS FELICES

deslumbrantes. Actualmente, de una lista de los 100 edificios más altos del mundo, el que encabeza esta lista es el Burj Khalifa de Dubái, con 828 mt. de altura.

Pero cuando observamos los detalles que Juan vio de esta nueva Jerusalén, nos damos cuenta que no hay ningún punto de comparación con los edificios que hoy conocemos. Esta ciudad que Dios está preparando está directamente relacionada a la promesa de Jesús de ir y preparar un lugar para nosotros, para que un día estemos con Él.

En esta ciudad habitarán todos aquellos que han creído en Jesús. Allí estarán gente que durante su vida terrenal nunca pudieron tener una casa, sino que la alquilaron. Gente que vivió en carpas o tiendas, gente que fue nómada, gente que vivió por distintas circunstancias en la calle. Todos los sin hogar o con propiedades, que creyeron en Jesús, vivirán en esta ciudad que Dios está preparando. ¿Y cómo es esta ciudad?

En la época que Juan tuvo esta visión no existía el programa para computadora AutoCAD, que te permite ver el diseño de una casa o de un edificio por dentro y por fuera, antes que este esté construido. Sin embargo, Dios le permitió verlo.

Si hoy día nos asombramos de las construcciones lindas que vemos, de los lujos que pueden tener algunas de ellas, no te imaginas lo que será la ciudad de Dios.

Esta ciudad que Juan vio es un cuadrado de 2.200 km de ancho por 2.200 km de largo y 2.200 km de alto. Imposible de imaginarnos. Hay lugar para millones de personas. Esta ciudad estará

LA NUEVA CIUDAD

rodeada de un muro de 65 mt de ancho y un total de 8.800 km de largo, por 2.200 km de alto.

En cada lateral, la ciudad tendrá 3 puertas, es decir un total de 12 puertas que llevarán los nombres de los 12 patriarcas. A su vez, el muro tendrá doce columnas de soporte que llevarán los doce nombres de los apóstoles que establecieron la iglesia de Jesús.

El material utilizado para la construcción no será mármol de carrara ni pinotea especial. Las doce puertas serán doce perlas diferentes. Los cimientos serán realizados con piedras preciosas de diversos colores. La construcción de la ciudad será realizada con un oro muy refinado y las calles también de oro refinado como si fuera vidrio. Ningún procedimiento humano podría lograr un oro tan refinado como el que Juan vio. Lo cierto es que será una ciudad muy colorida.

Cuando él ingresó a la ciudad, el observó algo importante. No pudo ubicar un templo en esa ciudad, luego se dio cuenta que no había necesidad de templo porque Dios estaba presente en esa ciudad. Ya no era necesario congregarnos un día especial en la semana, porque Dios habitará de continuo con los redimidos. Otro detalle que Juan observó es que no había necesidad ni de sol, ni de luna. Las compañías que proveen electricidad ya no estarán. No tendremos que pagar la luz ni cuidar la energía. Dios, el Sol de Justicia, estará presente y su presencia iluminará esa ciudad.

Tampoco tendremos que preocuparnos por el agua y gastar sumas importantes de dinero para poder beber agua purificada. Juan dice que vio un río de agua cristalina cruzando por la calle

DÍAS FELICES

principal de la gran ciudad. A su vez el observó que al lado de ese río crecía el árbol de la vida que producía cada mes frutas diferentes.

Recordemos que Jesús después de resucitar y tener un cuerpo glorificado también bebía y comía. De modo que no es utópico pensar que en esa nueva ciudad nos alimentaremos de diversos tipos de fruta y del agua más pura que jamás hemos probado. No habrá necesidad de dieta, ni de cuidado de la salud.

Pero lo más maravilloso de esta visión es que tendremos la oportunidad única y eterna de ver el rostro de Dios. Más allá de todos estos detalles físicos o materiales, Juan dice que él pudo ver el rostro de Dios.

Y de todo lo dicho, me quiero quedar con esto. Todo el esfuerzo que hemos hecho en esta vida en buscar a Dios ya sea en adoración, oración, ayunos, meditación, etc, ahora ya no será necesario, ahora lo veremos tal cual Él es.

CONCLUSIÓN

¿QUÉ SIGNIFICA HABER ESTUDIADO EL APOCALIPSIS?

Llegamos al final del estudio de Apocalipsis y se plantea una pregunta ¿qué nos enseña o nos enseñó el libro de Apocalipsis? De lo visto hasta aquí, podríamos decir que este libro nos enseña:

1. Habrá un arrebatamiento
2. Habrá un banquete en los cielos
3. Habrá un período de justicia y equidad en la tierra
4. Surgirá un anticristo que engañará a las personas
5. Habrá persecución contra los que sigan a Jesús
6. La falsa religión será destruida
7. El sistema financiero mundial colapsará
8. Habrá dos resurrecciones, la primera para los justos y la segunda para los injustos
9. Habrá un juicio de recompensas y otro de condena
10. Jesús y los santos vencerán en la guerra final en contra del enemigo

DÍAS FELICES

11. Habrá cielos nuevos y tierra nueva
12. Habrá una nueva ciudad donde moraremos con Dios

Pero al llegar al final, Juan todavía recibe una revelación con unos mensajes importantes para que los tengamos en cuenta.

Apocalipsis 22:6-21 dice así:

"El ángel me dijo: Estas palabras son verdaderas y dignas de confianza. El Señor, el Dios que inspira a los profetas, ha enviado a su ángel para mostrar a sus siervos lo que tiene que suceder sin demora. [7] ¡Miren que vengo pronto! Dichoso el que cumple las palabras del mensaje profético de este libro. [8] Yo, Juan, soy el que vio y oyó todas estas cosas. Y, cuando lo vi y oí, me postré para adorar al ángel que me había estado mostrando todo esto. [9] Pero él me dijo: ¡No, cuidado! Soy un siervo como tú, como tus hermanos los profetas y como todos los que cumplen las palabras de este libro. ¡Adora solo a Dios! [10] También me dijo: No guardes en secreto las palabras del mensaje profético de este libro, porque el tiempo de su cumplimiento está cerca. [11] Deja que el malo siga haciendo el mal y que el vil siga envileciéndose; deja que el justo siga practicando la justicia y que el santo siga santificándose. [12] ¡Miren que vengo pronto! Traigo conmigo mi recompensa, y le pagaré a cada uno según lo que haya hecho. [13] Yo soy el Alfa y la Omega, el Primero y el Último, el Principio y el Fin. [14] Dichosos los que lavan sus ropas para tener derecho al árbol de la vida y para poder entrar por las puertas de la ciudad. [15] Pero afuera se quedarán los perros, los que practican las artes mágicas, los que cometen inmoralidades sexuales, los asesinos, los idólatras y todos los que aman y practican la mentira. [16] Yo, Jesús, he enviado a mi ángel para darles a ustedes testimonio de estas cosas que conciernen a las iglesias. Yo soy la raíz y la descendencia de David, la

¿QUÉ SIGNIFICA HABER ESTUDIADO EL APOCALIPSIS?

brillante estrella de la mañana. ¹⁷ El Espíritu y la novia dicen: ¡Ven!; y el que escuche diga: ¡Ven! El que tenga sed, venga; y el que quiera, tome gratuitamente del agua de la vida. ¹⁸ A todo el que escuche las palabras del mensaje profético de este libro le advierto esto: Si alguno le añade algo, Dios le añadirá a él las plagas descritas en este libro. ¹⁹ Y, si alguno quita palabras de este libro de profecía, Dios le quitará su parte del árbol de la vida y de la ciudad santa, descritos en este libro. ²⁰ El que da testimonio de estas cosas, dice: Sí, vengo pronto. Amén. ¡Ven, Señor Jesús! ²¹ Que la gracia del Señor Jesús sea con todos. Amén."

De todo lo leído en Apocalipsis, este es un capítulo de fácil interpretación porque no contiene simbolismos sino solo palabras. Así como aprendimos varias cosas de los capítulos anteriores, ahora Juan nos deja todavía varios consejos a tener en cuenta, como ser:

Estas palabras son verdaderas

Apocalipsis 22:6 *"El ángel me dijo: Estas palabras son verdaderas y dignas de confianza. El Señor, el Dios que inspira a los profetas, ha enviado a su ángel para mostrar a sus siervos lo que tiene que suceder sin demora."*

En un mundo sofisticado y sobre informado, muchos creen que la Biblia es un libro obsoleto.

John Lennon, el famoso cantante de los Beatles, en una entrevista en Estados Unidos dijo que la Biblia y el cristianismo desaparecerían y que ellos llegarían a ser más famosos. Pocos días después, uno de sus fans, con 6 balazos, terminó con su vida.

DÍAS FELICES

Desde que se inventó la imprenta, la Biblia año tras año sigue ganando en cantidad de libros impresos y vendidos. De modo que sigamos creyendo y confiando en la carta escrita por Dios para nosotros.

Jesús viene pronto

Apocalipsis 22:7, 12 *¡Miren que vengo pronto!* Se repite dos veces la misma frase. La realidad de que Jesús viene pronto es tan cierta como que nosotros moriremos si Él no llega antes. Si se puede demostrar la primera venida de Jesús, no hay inconvenientes en creer que él volverá a buscar a los suyos y a instaurar un nuevo Reino.

Hay bendición en leerlas y obedecerlas

Apocalipsis 1:3 *"Dichoso el que lee y dichosos los que escuchan las palabras de este mensaje profético y hacen caso de lo que aquí está escrito, porque el tiempo de su cumplimiento está cerca."*

Apocalipsis 22:7 *"Dichoso el que cumple las palabras del mensaje profético de este libro."*

Ya lo decía el salmista que, si nosotros obedecíamos los mandatos de Dios, tendríamos una mejor vida. De hecho, desde el comienzo de Israel como nación, Dios siempre puso delante de ellos la posibilidad de escoger entre la vida y la muerte, entre la bendición y la maldición y esta elección siempre estaba condicionada por la obediencia o desobediencia de la Palabra de Dios.

Solo Dios merece ser adorado

¿QUÉ SIGNIFICA HABER ESTUDIADO EL APOCALIPSIS?

Apocalipsis 22:8-9 *"Yo, Juan, soy el que vio y oyó todas estas cosas. Y, cuando lo vi y oí, me postré para adorar al ángel que me había estado mostrando todo esto. 9 Pero él me dijo: ¡No, cuidado! Soy un siervo como tú, como tus hermanos los profetas y como todos los que cumplen las palabras de este libro. ¡Adora solo a Dios!"*

La adoración a Dios es un estilo de vida que abre puertas para la victoria. De ahí que es importante que nosotros la incorporemos en nuestras vidas. Observemos la victoria de Josafat sobre los Amonitas y Moabitas.

2 Crónicas 20:20-22 *"Al día siguiente, madrugaron y fueron al desierto de Tecoa. Mientras avanzaban, Josafat se detuvo y dijo: «Habitantes de Judá y de Jerusalén, escúchenme: ¡Confíen en el Señor, y serán librados! ¡Confíen en sus profetas, y tendrán éxito!* ^{21} *Después de consultar con el pueblo, Josafat designó a los que irían al frente del ejército para cantar al Señor y alabar el esplendor de su santidad con el cántico: Den gracias al Señor; su gran amor perdura para siempre».* ^{22} *Tan pronto como empezaron a entonar este cántico de alabanza, el Señor puso emboscadas contra los amonitas, los moabitas y los del monte de Seír que habían venido contra Judá, y los derrotó."*

Si aprendemos el secreto de la alabanza y la adoración como un estilo de vida, entonces Dios nos dará victoria sobre nuestras dificultades.

El mensaje debe ser compartido

Apocalipsis 22:10 *"También me dijo: No guardes en secreto las palabras del mensaje profético de este libro, porque el tiempo de su*

DÍAS FELICES

cumplimiento está cerca."

El secreto para que una Palabra revelada a nuestras vidas no se enmohezca es que la compartamos con otros. Un tanque de agua que no tiene una canilla (un grifo) abierta, con el tiempo ya no puede recibir agua fresca y lo que hay comienza a descomponerse.

Hay muchos cristianos que tienen una vida espiritual descompuesta, porque lo que han recibido no lo han compartido con otros.

No hay tiempo para cambios

Apocalipsis 22:11 *"Deja que el malo siga haciendo el mal y que el vil siga envileciéndose; deja que el justo siga practicando la justicia y que el santo siga santificándose."*

Esto nos habla de la urgencia. Los días y meses pasan rápido, por lo tanto, no hay tiempo para volver atrás. Si has abrazado la fe cristiana, continúa con las manos puestas en el arado mirando el surco que Dios te ha abierto, para que la semilla que has recibido y has sembrado germine y lleve frutos.

Dios recompensará a cada uno

Apocalipsis 22:12 *"¡Miren que vengo pronto! Traigo conmigo mi recompensa, y le pagaré a cada uno según lo que haya hecho."*

Dios no se olvida ni del esfuerzo, ni de la fidelidad de cada uno de sus hijos. En el libro de la vida están registrados cada una de nuestras buenas acciones y éstas, un día no muy lejano, recibirán sus recompensas.

¿QUÉ SIGNIFICA HABER ESTUDIADO EL APOCALIPSIS?

Hay condiciones para ingresar a la ciudad santa

Apocalipsis 22:13-14 *"Yo soy el Alfa y la Omega, el Primero y el Último, el Principio y el Fin. 14 Dichosos los que lavan sus ropas para tener derecho al árbol de la vida y para poder entrar por las puertas de la ciudad."*

Las condiciones son tener nuestras ropas lavadas, que significa nuestros pecados perdonados. Allí no habrá lugar para nadie que no haya pasado previamente por la cruz de Jesús y haya dejado atrás una vida de pecado.

Los pecadores quedarán afuera del programa de Dios

Apocalipsis 22:15 *"Pero afuera se quedarán los perros, los que practican las artes mágicas, los que cometen inmoralidades sexuales, los asesinos, los idólatras y todos los que aman y practican la mentira."*

El que establece las normas para ingresar al Reino es Dios. Así como cuando vas a un festival, los organizadores establecen las normas para poder ingresar y nadie dice nada, del mismo modo Dios establece las reglas.

Si nos ajustamos a ellas participaremos de la eternidad con Él, si no lo hacemos estaremos eternamente perdidos. Pero observemos que la decisión es nuestra, porque Dios en la cruz, por medio de la muerte de su Hijo Jesús había saldado nuestra deuda. Si lo creemos seremos salvos, si lo rechazamos nos condenamos nosotros mismos.

DÍAS FELICES

Jesús nos está alertando

Apocalipsis 22:16 *"Yo, Jesús, he enviado a mi ángel para darles a ustedes testimonio de estas cosas que conciernen a las iglesias. Yo soy la raíz y la descendencia de David, la brillante estrella de la mañana."*

Aquellos que nos anteceden en la fe nos dan testimonio de que Jesús es real. Año tras año, siglo tras siglo la fe fue pasándose de generación en generación. De modo que hoy no hay excusas para no creer.

El menaje no debe ser alterado

Apocalipsis 22:18-19 *"A todo el que escuche las palabras del mensaje profético de este libro le advierto esto: Si alguno le añade algo, Dios le añadirá a él las plagas descritas en este libro. 19 Y, si alguno quita palabras de este libro de profecía, Dios le quitará su parte del árbol de la vida y de la ciudad santa, descritos en este libro."*

Observemos que quitar o agregar conlleva castigo. Aquellos que somos maestros o queremos ser maestros de la Palabra, tenemos una doble porción de responsabilidad y pasaremos por un juicio más severo.

Somos llamados a invitar a Jesús a que regrese

Apocalipsis 22:17 *"El Espíritu y la novia dicen: ¡Ven!; y el que escuche diga: ¡Ven! El que tenga sed, venga; y el que quiera, tome gratuitamente del agua de la vida."*

¿QUÉ SIGNIFICA HABER ESTUDIADO EL APOCALIPSIS?

Apocalipsis 22:20-21 *"El que da testimonio de estas cosas, dice: Sí, vengo pronto. Amén. ¡Ven, Señor Jesús! 21 Que la gracia del Señor Jesús sea con todos. Amén."*

A veces sucede que las ocupaciones de esta vida nos tienen tan enfocados en este lado de la eternidad que nos olvidamos que somos seres espirituales con una experiencia humana, preparándonos para una nueva vida, donde el que reinará por los siglos de los siglos será Jesús.

Por lo tanto, un ejercicio frecuente que podemos hacer, para no apegarnos tanto a las cosas de este lado de la eternidad, es invitar a Jesús a que regrese, que apresure los tiempos.

Apocalipsis es un libro con un mensaje tan actual y tan trascendente que nos conviene releerlo todas las veces que podamos. Abramos nuestra mente y corazón y permitamos que el Espíritu Santo nos siga revelando las verdades que este libro encierra.

Las circunstancias que hoy nos rodean puede que no sean tan favorables, pero lo cierto es que nos esperan cielos y tierra nueva, donde morará la justicia y Jesús será el Rey máximo gobernando junto a sus hijos. Los días más felices están por llegar. Mantengamos nuestra mirada hacia el autor y consumador de nuestra fe.

OTROS LIBROS DEL AUTOR

OTROS LIBROS DEL AUTOR

Puede encontrar estos libros en formato e-book en:
www.amazon.com / Autor: Enrique Ruloff

Para contactarse con el autor:
E-mail: enriqueruloff@hotmail.com o fit.director@yahoo.com
Facebook: Enrique Ruloff - Escritor / Twitter: @EnriqueRuloff
Tel.: (+54) 011-4799-8533